목마른 사람들

목마른 사람들

강호형 수필집

수필과비평사

책머리에

30여 년 수필을 썼으면 좀더 좋은 글이 나와야 하는데 갈수록 오가리가 드는 기분이다. 그래도 붓을 놓지 못하는 것은 그나마 쓰지 않으면 영영 잊힐 것 같은 외로움과 두려움을 떨쳐 내려는 몸부림이다.

2016년에 졸저 《빈 자리》를 내면서 내 생애의 마지막 출판이라 생각했는데 마음이 변했다. 인터넷에 올라 있는 어느 낯모르는 독자의 독서 리뷰 때문이다. 인터넷에 떠도는 내 수필 몇 편을 읽다가 관심이 가서, 출판한 지 10년이나 지난 졸저 《정류장에서》를 사다가 읽었다며 장문의 과분한 평설을 올린 것이다.

춘추시대의 가야금 명인 백아伯牙는 자신의 음악을 알아주는 유일한 친구 종자기鍾子期가 죽자 거문고 현을 끊어버렸다고 한다.

나는, 내 글을 읽어주신 미지의 독자에게 용기를 얻어 이 책을 내기로 했다.

너그러이 헤아려주시기 바란다.

2021년 8월

素山 **강호형**

차례

책머리에 ▸ 4

1부

운수 좋은 날 ▸ 12 | 맹꽁이 소리 ▸ 16 | 목마른 사람들 ▸ 20
미끼 ▸ 25 | 벌레 ▸ 29 | 양반 사퇴서 ▸ 33 | 불출 일기 ▸ 38
인정이 그립다 ▸ 42 | 잠 못 이루는 밤 ▸ 47 | 후레자식들 ▸ 52
동물농장 ▸ 56 | 맷집 ▸ 60 | 나이 ▸ 66 | 가면극 ▸ 72

인간아, 인간아

가보지 못한 곳 ▸ 76 | 반쪽 찾기 ▸ 80 | 모닥불 ▸ 85
생긴 대로 ▸ 89 | 외롭다 ▸ 94 | 인간아, 인간아 ▸ 97 | 밥맛 ▸ 102
1달러짜리 하느님 ▸ 107 | 재수 없는 여자 ▸ 110 | 눈물 찾기 ▸ 115
피카소로 살고 싶다 ▸ 120 | 내가 좋다 ▸ 126

3부

삼식이가 사는 법

세종대왕 ▸ 130 | 삼식이가 사는 법 ▸ 134 | 모범 투기꾼 ▸ 139
용서 ▸ 143 | 단장 ▸ 146 | 민주주의 ▸ 150 | 인생 ▸ 152
형제 ▸ 155 | 인연 ▸ 159 | 천적 ▸ 162 | 내가 생각하는 수필 ▸ 166

4부

부록

| **강호형론** |

황필호 | 평범 속의 비범非凡 ▸ 174

박재식 | 강호형의 인간과 수필 ▸ 208

정진권 | 내가 강호형의 수필을 읽는 이유 ▸ 218

정여송 | 서사구조로 직조된 인간애 ▸ 223

| **인터뷰** |

월간 《한국수필》, (2013. 7월호 특집) — **정목일**
선비정신을 극복한 실험적 시도로 현대수필문학의 맥을 짚어주는
강호형 수필가 ▸ 234

《한국일보》, (2007. 4. 28.) — **이훈성** 기자
강호형 양재회장 "선비의식이 수필계의 족쇄" ▸ 243

《세계일보》, (2007. 5. 4.) — **정성수** 기자
"수필 실험" 창간한 강호형 씨 ▸ 247

| 연보 | ▸ 251

1부

운수 좋은 날

운수 좋은 날 | 맹꽁이 소리 | 목마른 사람들 | 미끼 | 벌레 | 양반 사퇴서 | 불출 일기 | 인정이 그립다 | 잠 못 이루는 밤 | 후레자식들 | 동물농장 | 맷집 | 나이

운수 좋은 날

사무실에 나가려고 버스를 탔다. 늘 출근시간을 조금 비켜 다니는 터라 빈자리가 많았다. 승강구에 비치된 일간지 한 부를 뽑아 들고 자리를 잡았다. 요즘 신문들은 스마트 폰에 밀려 이렇게 공짜로 줘도 읽어주는 사람을 못 만나 하루 종일 실려 다닌다.

집에서 이미 다른 조간신문을 보고 온 터라 대강 훑어나가다가 오늘의 운세를 보니 가정에 기쁜 일이 있고 애정 운도 좋다고 한다. 돈벌이를 하는 처지도 아니고 승진 같은 걸 바랄 일도 없으니 이보다 더 좋은 운세가 어디 있으랴. 버스 안을 둘러보니 그 새 빈자리가 다 차고 신기하게도 내 옆자리만 비어 있었다. 하긴 신기할 것도 없다. 전에도 대개 만원을 이루는 마지막 순간까지 내 옆자리는 비어있기가 예사였고 더러는 내릴 때까지 비어있기도 했다. 남자, 여자, 늙은이 젊은이 할 것 없이 늙은이 옆은 기피하기 때문이라는 걸 알지만, 이쯤 되면 슬그머니 긴장하게 된다. 빈자리가 하나뿐이니 싫어도 옆자리에 앉을 수밖에 없을 동행이 어떤 사람일지가 궁금해지는 것이다.

나는 비록 만인의 기피 대상이 된 처지이지만, 동행만은 젊은 여성이면 좋고 그중에서도 미인이면 더 바랄 게 없다. 젊고 예쁜 여성은 보기만 해도 기분이 좋아진다. 공부든 일이든 뭐든지 다 잘할 것 같고, 마음씨가 곱고 이해심도 깊어서 어쩌면 내게 호감을 갖게 될지도 모른다는 망상에 사로잡히는 것이다. 여성의 외모와 성품은 내 생각처럼 일치하지 않는 경우가 많아 실망하기 한두 번이 아니면서도 엉큼한 속내가 부끄러워 솔직하게 털어놓지도 못하고 살았다.

하지만 오늘의 운세는 신통하게 적중했다. 버스가 어느 정류장에 멈추고 문이 열리자 나는 하마터면 탄성이라도 지를 뻔했다. 검은 외투에 꽃무늬 스카프로 멋을 낸 눈부신 미인이 성큼 올라서더니 단말기에 카드를 찍으면서 내 옆 빈자리에 시선을 꽂은 것이다. 미인이 다가오기를 기다려 자리에서 일어나 창가로 안내했다.

그녀는 가벼운 미소로 목례를 보내며 자리를 잡더니 핸드백에서 화장품 튜브 하나를 꺼내 손등에 바르고 있었다. 주인공은 40대쯤으로 보이는데 손은 소녀의 손처럼 작고 희고 예뻤다. 이런 장면을 그 손임자에 걸맞은 젊은 미남이 바라본다면 보아주는 게 되지만, 나처럼 젊은이들의 기피 대상으로 밀려난 늙은이가 흘끔대는 건 영락없는 '훔쳐보기'가 된다.

운세가 좋아 행운을 잡기는 했지만, 오늘 아침 TV에서 본 En 시인의 복면한 모습이 떠올라 처신하기가 사뭇 조심스러웠다. 미국 연예계에서 시작되어 한때 트럼프 대통령까지 곤경에 빠뜨린 여성들의 '미투' 운동이 태평양을 건너와 정, 재계, 법조계, 교육계, 연예계 할 것 없이 전방위로 번져 동방예의지국 사내들의 체통이 말이 아닌 터에, 급기야 문단으로까지 번져 '노털상' 후보에 오른 'En 시인'이 궁지에 몰린 것이다.

오래전, 텔레비전에서 어느 기자가 고명한 독신주의 노교수에게, 혼자 사시면서 여자 생각 같은 건 안 하시느냐고 짓궂게 물은 적이 있었다. 대답은, 하루도 여자 생각 안 하는 날이 없다는 게 아닌가. 날마다 여자 생각을 하지만 추문을 일으킨 일은 없으니 떳떳했을 것이다. 나는 노교수의 거리낌 없는 고백에 크게 안도했다. 그동안 섹스 스캔들이 매스컴의 특선 메뉴가 될 때마다 느끼는 막연한 공범의식이 조금 가시는 기분이었다. 무릇 사내들이란 모두가 잠재적 성범죄자이고 나도 그중의 하나일 뿐이라는 생각이 들던 것이다. 요즘은 남성이 여성에게 성희롱, 성추행을 당하는 일도 있다니 인간의 성을 남녀로 구별해서 점지한 조물주의 처사가 축복인지 형벌인지 갈피를 잡을 수가 없다.

어쨌거나 오늘은 운세가 좋은 김에 내처 좋을 모양이었다. 아침에 스캔들 뉴스를 듣던 아내가 여성들 앞에서는 아무리 예뻐도 예쁘다는 말 하지 말고 입조심, 손 조심하라던 훈시가 떠올라 예의 크림을 바르고 있는 예쁜 손을 눈으로만 흘끔흘끔 훔쳐보며 처신을 궁리 중인데, 내 도둑 관찰을 눈치챈 미인이 거리낌없이 먼저 말문을 튼 것이다.

"이것 좀 발라드릴까요?"

대답을 기다릴 것도 없이 덥석 내 손을 끌어당겨 손등에 튜브 입을 대고 하얀 크림을 짜내는 게 아닌가!

"아이고! 그 예쁜 손에나 바르시지 이 흉한 늙은이 손에까지…."

얼떨결에 아내의 당부도 잊고 기어이 예쁘다는 말을 입에 담고 말았지만 별 탈은 없었다. 미인이 시키는 대로 손등에 얹힌 크림을 양손에 고루 바르고 나자, 셀로판지에 싸인 사탕 두 알을 꺼내 한 알을 내밀며 맛있으니 먹어보라고 했다. 내가 포장지를 벗겨 사탕을 입에 넣자 냉큼 손을 내밀었다. 빈 포장지는 자신이 처리하겠다는 배려에 눈물이 날 지경이었다.

이렇게 마음씨까지 고운 미인과의 데이트는 아쉽게도 거기서 끝났다. 이야기 몇 마디 나눌 사이도 없이 순식간에 버스가 전철 환승역에 닿은 것이다. 나는 거기서 내려야 하는데 미인은 종점까지 간다고 했다.

나는 사탕을 보석처럼 물고 버스 쪽을 힐끔거리며 전철역으로 발길을 옮겼다.

운수 좋은 날이었다.

맹꽁이 소리

내가 지금 살고 있는 집은 논을 메워 지은 아파트다. 처음 입주했을 때는 주변이 논이었다. 이른 봄이면 그 논에서 개구리, 맹꽁이가 울었다. 개골개골 중구난방으로 요란하게 울어대는 개구리 소리 속에 맹꽁이 소리가 끼어들어 맹꽁 맹꽁 장단을 맞췄다. 밤마다 그 소리를 듣고 있노라면 어려서 부르던 동요가 떠올랐다.

> 개골개골 개구리 노래를 한다./ 아들 손자, 며느리 다 모여서/ 밤새도록 하여도 듣는 이 없네/ 듣는 사람 없어도 날이 밝도록/ 개골개골 개구리 노래를 한다./ 개골개골 개구리 목청도 좋다.

10대에 고향에서 듣던 소리를 60대가 되어 타관에서 다시 들으며 그 시절의 노래를 흥얼거리다가 오래전에 세상 떠나신 할아버지, 할머니, 엄마, 아버지가 그리워 눈시울을 붉히기도 했다. 시골이라고는 하지만 살기에 크게 불편한 게 없으면서도 이처럼 도회지에서는 꿈도 못 꿀 정취를 거저 누리는 셈이라 강남 사는 사람 안 부럽다고 허풍까지 떨며 살았다.

아파트에서 한 6~7분 거리에 있는 버스 정류장에 나가는 길은 두 갈래가 있다. 하나는 차도를 따라가는 길이고, 다른 하나는 논틀을 가로질러 농로로 낸 둑길이다. 실속으로 따지자면 차도 쪽이 조금 가깝기는 하지만, 나는 고향 냄새 물씬한 둑길이 좋았다. 봄이면 우무 같은 개구리 알 무더기에서 올챙이가 나와 하루가 다르게 자라나는 모습이 신비롭고, 여름부터 가을까지는 싱그러운 벼 포기들이 자라 누런 벼이삭으로 익어가는 모습이 좋았다. 이윽고 눈이 내리면 논바닥에 흘린 낟알을 찾아 떼 지어 내려앉는 참새 떼, 까치 떼들이 정겨웠다. 게다가 살벌하기 짝이 없는 철마의 위협이 없어 더 좋았다.

그렇게 몇 해가 지나자 봄이 오면 개구리 소리는 여전한데 맹꽁이 소리가 뜸해졌다. 맹꽁이는 그만큼 환경에 민감한 동물이라고 한다. 서너 해가 더 지나는 동안 논 한 배미에 어린이집이 들어서자 맹꽁이 소리는 아예 사라지고 개구리 소리도 세가 약해져서 봄밤의 정취가 예전 같지 않았다. 잇따라 도서관까지 들어서고 나니 논배미는 아직

남았는데도 개구리조차 사라지고 말았다. 개구리 올챙이가 없으니 귀족처럼 날아와 도도하게 논배미를 서성이던 백로도 오지 않았다.

그러는 동안 길 왼쪽 논 한 자락이 메워져 밭이 되었다. 외지 사람에게 팔렸다는 소문이었다. 밭 임자는 밭과 길 경계에 대추나무 몇 그루를 줄지어 심고 밭에는 콩, 오이, 파, 상추 등 철따라 여러 가지 작물을 심어 놓고 가끔씩 승용차를 몰고 와 텃밭처럼 가꿨다. 60대쯤으로 보이는 남자 혼자일 때도 있고 부인인 듯한 여인과 함께일 때도 있는데, 일손이 서툰 걸로 보아 농사꾼이 아니라 은퇴 후의 여가를 즐기는 부부 같았다.

대추나무가 첫 열매 몇 개를 맺더니 한두 해가 더 지나자 훌쩍 자란 나무에 무더기로 주렁주렁 달려서 그 앞을 지날 때마다 대견하게 쳐다보곤 했다. 그렇게 추석이 지나 대추알들이 다투어 붉은 기를 띠자 갑자기 분위기가 살벌해졌다. 경고판이 내걸린 것이다.

"허락 없이 대추 따면 고발, CCTV 녹화 중"

경고판을 보는 순간 기분이 몹시 상했다. 그 길을 자주 지나다니며 대추에 각별한 관심을 기울인 건 사실이지만 훔칠 생각은 전혀 없었는데 도둑으로 의심받는 것 같아 모욕당한 기분이었다. 제 물건 제가 간수하겠다는 데 할말은 없지만 좋아 보이던 주인 내외의 모습이 이전과 달리 그악스러워 보였다. 요즘은 먹을 것이 너무 많아 풋대추 따위에 눈독들이는 사람은 없을 것이다. 차라리 선선하게, '길가 쪽으로 열린 대추, 한 개씩만 따서 맛보세요.' 이런 팻말을 내걸었더라면 이웃 동네에 칭송이 자자했을 것이다. 주인도 멋쩍었던지 경고판을 없애기는 했지만 정나미는 이미 다 떨어진 후였다.

그렇게 또 몇 해가 지나 대추나무 바로 앞에 고등학교가 들어섰다. 나는 불현듯 수박서리 자두서리하던 어린 시절이 떠올라 회심의 미소를 지었다. 그 시절의 어른들은 '서리'를 자라나는 개구쟁이 아이들이 의당 누려야 할 특권처럼 용납했다.

마침 신설 학교가 남녀공학이니 십대 남학생들의 그 원시 본능적 야성과, '꼰대' 주인 사이에 대추를 두고 어떤 공방이 벌어질지가 자못 흥미로웠다.

그러나 이번에는 학생 녀석들이 나를 실망시켰다. 코앞에 주렁주렁 열린 그 탐스러운 대추를 거들떠보지도 않는 것이다. 대추가 길바닥에 즐비하게 떨어져 짓밟혀도 주인마저 관심이 없어졌는지 아무도 줍는 사람이 없었다.

올해도 가지가 휘도록 대추가 달려 벌겋게 익었다. 본래 논이었던 그 자리에서는 개구리들이 요란하게 울면 맹꽁이 소리가 추임새처럼 끼어들어 장단을 맞췄었다. 이제는 그 맹꽁이가 멸종 위기종으로 지정되었다고 한다. 불현듯 맹꽁이 소리가 그립다.

목마른 사람들

5월은 가정의 달이라 행사가 많다. 어린이날, 어버이날, 스승의 날…. 이처럼 '날'을 정해서 서로서로 기쁨을 나누는 것은 뜻있는 일이다. 그러나 이를 뒤집어 생각해 보면 평소에는 어린이 · 어버이 · 스승에게 소홀했다는 얘기가 된다. 이런 행사에는 으레 "오늘 하루만이라도…." 란 수사가 붙기 마련인데 평소에 잘했다면 그럴 리가 없을 것이다.

하기야 엿새 동안 죄를 짓고 주일날 교회에 가서 회개한다는 실용적인 교인이 있고, 평생 지은 죄를 죽기 직전에 일괄 사죄하겠다는 간덩이 큰 신도도 있는 터에 연중 하루나마 평소의 소홀함을 조건 없이 반성하겠다는 데에야 누가 시비를 걸겠는가.

사람을 감동시키려면 그 행위에 희소성, 진실성, 파괴성이 있어야 한다. 날마다 먹는 밥이 무슨 '날'이라고 해서 특별한 맛을 낼 리가 없다. 그래서 연중 하루만이라도 '밥' 대신 '피자'나 '보신탕'이나 '양주'를 대접함으로써 이날의 주인공을 감동시키고 나도 회개하자는 것이 그 취지일 것이다.

소홀하기 쉬운 가족을 꼽자면 '부부'가 으뜸이 아닐까? "낚은 고기에는 미끼를 주지 않는다."는 속담도 있는 것으로 보아 가정의 달에 정작 챙겨야 할 사람은 '부부'일지도 모른다.

인공지능 로봇처럼 별 간섭 안 해도 알아서 돈 벌어 오고, 마음놓고 활동하다 돌아와 보면 필요한 것 다 준비돼 있어 그 존재의 소중함을 잊기 쉬운 것이 부부다. 그래서 리모컨 단추 하나로 움직이는 가전제품 같은 존재, 낚인 고기처럼 생사여탈권을 통째로 맡겨 놓고도 사태의 심각성을 느끼지 못하는 관계, 그러다가 문득 존재론적 회의에 빠져 은밀한 일탈을 꿈꾸기도 하는 숙명적인 동행同行.

여기에 착안하여 '부부의 날'을 법제화하자고 나선 사람이 있다. 경남 창원시에서 결손 가정과 빈곤층 청소년들을 대상으로 목회활동을 하고 있는 권재도 목사는 "부부관계의 소중함을 일깨우고, 화목한 가정을 만들어 나가자."라는 취지하에 지난 1996년부터 5월 21일을 '부부의 날'로 정하고 다채로운 행사를 벌여 오고 있다.

'둘이 하나 되자.'는 뜻에서 21일을 택했다는 이 운동은 각계의 호응을 얻어 부산 · 서울 등 전국으로 확산되고 있다. 2001년 5월 20일과

21일에도 서울 여의도 공원과 부산 해운대해수욕장에서 부부축제 · 부부음악제가 열렸다.

영호남 부부, 장수 부부, 남북 부부, 국제 부부들에 대한 시상식도 가졌는데, '서로 칭찬하기 3분 스피치', '부부 사랑 고백' 등이 가장 큰 인기를 모았다고 한다. '칭찬하기', '사랑 고백'이야말로 한국인, 특히 한국 남성들이 가장 인색하다는 부분이라 아내들에게는 큰 선물이었을 것이다.

"여보야, 애정 표현 좀 하면 어디가 덧나냐?"

"○○이 아빠, 광 그만 팔고 마누라 생각도 좀 해 봐라!"

"자기야, 마누라 칭찬 좀 하면 자기가 마누라 되냐?"

스트레스 해소책으로 번지점프를 자원하고 나선 '아줌마'들이 점프 직전에 허공을 향해 외친 절규가 그런 것이었다.

"여성이 히치하이킹에 성공할 확률은 가슴 사이즈에 비례하고, 남성이 누구를 칭찬하는 비율은 아이큐에 반비례한다."

이런 통계를 낸 사람이 있었는데, 번지점프하는 아줌마들의 가슴 사이즈가 작았거나, 그 남편들의 아이큐가 너무 높은 것은 아니었을까?

"잘한다, 잘한다 하는 바람에 할 수 없이 잘하게 됐습니다."

세계적인 지휘자 정명훈 씨의 말이다. 처음 피아노를 배울 때, 아이들이 밖에서 뛰어노는데 혼자만 피아노 치기가 지겨울 때도 있었지만 어른들의 칭찬을 듣는 것이 좋아서 참고 견딘 것이 성공의 비결이었다는 것이다. 그렇다면 나도 아이큐가 높은 사람인가? 나를 아는 이들은 가소롭다고 비웃을지 모르지만, 내 아내의 푸념을 들어보면 고개를 끄덕이게 될 것이다.

"생전 가야 칭찬이라곤 할 줄 모르면서 남의 잘못은 어쩌면 그렇게 귀신같이 꼬집어 내실까?"

이건 결코 아내의 가슴 사이즈가 작기 때문에 나오는 말이 아니다. 그렇다면 여기에 설명을 덧붙이는 것은 사족이 아닐까? 아이큐 높은(?) 남편 만난 대가로 평생 칭찬에 목말라하며 사는 아내들이 내 아내만은 아닐 것이다.

그러나 아내들의 칭찬 인심이라고 마냥 후해 보이지도 않는다. 나 역시 아내에게 칭찬을 들어본 기억이 별로 없다. 그렇다고 불평도 못하고 사는 것은, 가슴에 손을 얹고 생각해 보건대 칭찬 받을 짓을 해본 기억이 얼른 떠오르지 않기 때문이다.

그러고 보니 생각나는 게 있다. 아내가 초등학교 교사 시절, 자기 반에 정신지체아가 있었다. 3학년이 되도록 한글도 해득하지 못해 늘 뒷전으로 밀리는 것이 안쓰럽던 어느 날, 미술 시간에 그 아이 곁을 지나다가 "○○이 그림 참 잘 그리는구나!" 하고 건성으로 한마디 던졌더니 다음날부터 하루도 거르지 않고 그림 한 장씩을 그려 가지고 와서는 목마른 아이처럼 칭찬 한 모금씩을 받아 마시고 가더니 학년이 끝날 무렵에는 신기하리만큼 학습 능력이 좋아지더라는 것이다.

부부의 날 행사에 '칭찬하기' 코너를 마련한 것은 썩 잘한 일이다.

"우리 마누라가 끓인 된장찌개는 짜면 짜서 맛이 있고, 싱거우면 싱거워서 맛이 있습니다. 나보다 남들에게 더 예쁘게 보이려는 경향이 있어서 조금 신경이 쓰이지만, 여자가 예뻐 보이려는 게 죕니까? 남들 덕에 나까지 예쁜 모습을 보게 되니 그게 어딥니까? 역시 우리 마누라가 최곱니다."

"우리 남편은 술에 취하면 장롱 문 열고 무단 발포(방뇨)하는 버릇이 있지만 씩씩해 보여서 좋고, 평소에는 은진미륵 같다가도 예쁜 여자만 보면 마른 침을 삼키는 것이 속상하지만, 그 많은 여자들 중에서 운수 좋게도 나한테 코를 꿰어 고삐 한번 잡아채면 순순히 따라오니 기특하지 않습니까? 우리 남편보다 좋은 남편 있으면 나와 보세요."

부부 생활이란 것이 어차피 어른들이 하는 소꿉장난인데 좀 유치한 들 그토록 목마른 사람에게 냉수 한 사발 줘서 손해야 볼라고?

미끼

나는 한강을 끼고 산과 들과 개천이 어우러진 고장에 태어나 여름에는 물고기, 겨울이면 새를 잡으며 자랐다. 그 시절의 추억을 잊지 못해 얼마 전까지도 차 트렁크에는 견지낚시를 싣고 다니다가 시간이 날 때 그럴듯한 개천을 만나면 발벗고 들어가서 낚싯줄을 풀곤 했다.

낚시를 하려면 미끼가 있어야 한다. 인근에 낚시점이 있으면 구더기를 사다 쓰지만 없어도 걱정할 것 없다. 주변을 잘 살펴보면 대개는 지렁이 몇 마리는 쉽게 잡을 수 있고, 그게 안 되면 메뚜기나 잠자리도 훌륭한 미끼가 된다. 어린 시절에는 파리를 잡아 피라미 미끼로 썼는데, 급한 마음에 미리 낚시 바늘에 한 마리를 꿰어 들고 개천으로 나가다 보면 잠자리나 개구리가 달려들 만큼 좋은 미끼였다.

물고기들도 종류에 따라 입맛이 다르다. 피라미나 끄리 종류는 구더기를, 메기·뱀장어는 지렁이를, 가재는 껍질 벗긴 개구리나 오징어를, 민물 게는 수수 이삭을 좋아한다. 골짜기 개천에 오징어 다리를 담가 놓으면 가재가 몰려들고, 가을철, 민물게가 바다를 향해 내려가는 길목에 수수 이삭을 새끼줄에 꿰어 주낙처럼 늘어놓으면 이삭마다 게가 매달려 나왔다.

겨울에는 새를 잡았다. 온 천지가 눈에 덮이면 새들은 먹을 것이 없어 미끼의 유혹에 약해진다. 참새 덫에는 작은 조 이삭을, 산비둘기 덫에는 콩을, 청둥오리나 까치 덫에는 미꾸라지를 달았다. 개천가 버드나무에는 늘 까치들이 앉아 있었다. 그 나무 밑 눈밭에 개천 물을 몇 바가지 퍼 뿌리며 물고기 잡는 시늉을 한다. 그렇게 까치들의 관심을 끌다가 새우나 미꾸라지를 달아 덫을 놓고 자리를 피하면 지능이 높은 까치도 유혹을 이기지 못해 내려와 먹다가 치이곤 했다. 지금 생각하면 차마 못할 비정하고 잔인한 짓이지만 그때는 연민 같은 걸 느낄 여유가 없었다. 끼니를 거르는 집이 태반이던 시절이라 그렇게라도 해야 고기 맛을 볼 수 있었다. 잔인하다고 욕하는 사람이 있었다면, 동물들은 본래 그렇게 서로 잡아먹고 먹히며 사는 법 아니냐고 대들었을 것이다. 사실, 원시시대로부터 조상 대대로 그렇게 살아온 것이 인류의 역사이자 먹이사슬의 원리이기도 하다.

이처럼 먹이사슬의 정점에 있는 인간도 미끼에 약하기로는 다른 동물들과 크게 다르지 않다. 사소한 유혹에 빠져 패가망신하기는 예사이고, 종족끼리, 나라끼리 싸우다가 미끼에 걸려 나라까지 망치기도 한다.

중국 병법 36계 중 제31계는 미인계美人計다. 미인을 미끼로 쓰는 계략인데 그걸 써서 재미 본 사람으로는 춘추시대의 월나라 왕 구천句踐이 있다. 중국 남부에 이웃해 있던 오나라와 월나라는 앙숙이었다. 월왕越王 구천이 오왕吳王 부차夫差와 싸워 크게 패한 일이 있었다. 그 일로 3년 동안이나 부차의 종노릇을 하다가 돌아온 구천은 와신상담臥薪嘗膽하며 복수를 벼르던 중, 신하 범려范蠡의 계략을 받아들여 미인계를 쓰기로 했다. 전국을 수소문한 끝에 서시西施라는 처녀를 발탁했다. 본명은 시이광施夷光, 어머니를 도와 남의 빨래를 했는데 그 직업을 일컫는 완사녀浣紗女로도 불리던 시골 처녀지만 미모가 출중했다. 궁궐에 데려다가 가무歌舞와 범절凡節을 가르쳐 부차에게 바쳤다. 계략은 적중했다. 구천은 부차가 서시의 미색에 빠져 국정은 게을리하고, 궁궐을 새로 짓는 등 방탕해서 국력이 기운 틈을 놓치지 않고 오나라를 쳐서 복수에 성공한 것이다. 이처럼 나라를 망칠만큼 뛰어난 미모를 이르는 사자성어 '경국지색傾國之色'도 여기서 유래됐다고 한다. 요즘도 성 접대 논란이 끊이지 않는 걸 보면 미인계야말로 병법이 될 만한 미끼임이 분명하다.

미인계 말고도 미끼는 많다. 관직, 돈, 귀한 물품도 뿌리치기 어려운 미끼다. 늙은 남편을 가리키며, 처녀 때 어쩌다가 짜장면 한 그릇에 저

영감한테 코를 꿰여 평생 고생했다며 눈을 흘기는 할머니를 본 적도 있다.

드라마 〈겨울 연가〉의 주인공 배용준이 일본열도에 '욘 사마'열풍을 일으켜, 그가 가는 곳에는 미끼 정도가 아니라 집어등集魚燈에 홀려 모여드는 고기 떼처럼 일본 아줌마들이 무리 지어 몰려들던 때가 있었다. '욘 사마' 브랜드의 상품도 날개 돋친 듯 팔렸다는데, 상품으로 성이 차지 않는 아줌마들은 한국에까지 건너와서 욘 사마가 스쳐간 흔적이라도 찾아 방방곡곡을 누비고 다니는 바람에 관련 업계가 때 아닌 호황을 누리기도 했다. 미끼의 획기적인 진화가 아닌가 한다.

동물의 미끼가 종에 따라 다르다면, 인간을 유혹하는 미끼는 그 대상자의 지위에 따라 다르다. 아내는 날마다 신문에 딸려오는 광고지를 꼼꼼히 살핀다. 여러 마트들이 저마다 내거는 미끼 상품을 찾는 것이다. 미끼는 잘못 삼키면 화가 된다는 게 상식인데, 우리 집 식탁에 오르는 반찬들이 대부분 그렇게 사들인 것들이라 나는 끼니마다 미끼를 먹고 사는 셈인데도 별 탈 없는 게 신통하다.

평생, 미인은 고사하고 작은 뇌물도 받을 만한 지위를 누려보지 못한 위인으로서는 더없이 고마운 일이다.

벌레

상전벽해桑田碧海란 말이 있다. 뽕나무밭이 푸른 바다가 됐다는 뜻으로 세상이 몰라보게 뒤바뀐 현상을 비유적으로 이르는 말이다. 반대 현상을 내세워 같은 뜻으로 쓰는 창해상전滄海桑田이란 말도 있다. 하지만 이런 관용어가 만들어진 시대에는 바다가 뽕나무밭이 되든 뽕나무밭이 바다가 되든 그건 어디까지나 자연현상일 뿐, 인간이 개입할 영역이 아니었다.

세상이 빠르게 변하고 있다. 우주로 치닫는 외국의 예는 차치하고 나라 안만 보더라도 개발이란 미명하에 상전이 벽해가되고, 창해가 상전이 되기도 해서 수많은 사람들이 고향을 잃었다. 나도 그중의 한 사람이다. 팔당 수력발전소가 들어서는 바람에 내가 나고 자란 '상전'

이 벽해가 되고 만 것이다. 나는 그 심정을 졸작 <고향 2>에 다음과 같이 적었다.

"산천은 의구한데 인걸은 간 데 없네."

인생의 무상함을 이렇게 노래한 시인이 있거니와 내 고향은 산천조차 옛모습이 아닌 것이다. 할머니, 할아버지, 어머니, 아버지, 어린 동생들과 함께 열다섯 살까지 살았고, 거기서 어른들을 다 여의었고 집마저 잃었다. 하지만 미역감고, 미꾸라지 잡고, 삘기 뽑아 먹고, 미루나무 늘어선 언덕에서 횃불 들고 달맞이하던 추억만은 지금도 생생하다. 무명 치마저고리 입고 쪽머리에 은비녀 꽂은 엄마와 할머니가 마주앉아 다듬이질 하시던 모습이며, 삼베 등걸 잠방이에 곰방대 물고 누렁황소 앞세워 밭 갈고, 도리깨장단 맞춰 보리타작하시던 아버지 할아버지 모습이 사라진 일이야 잔인한 세월 탓으로 돌린다지만, 의구依舊해야 할 산천山川마저 '벽해碧海'가 되어 추억을 짓밟아버린 것이 못내 억울하고 야속하기만 하다. 할아버지가 양복 입은 모습은 상상할 수가 없다. 할머니, 엄마가 양장에 파마 머리로 나타난다면 크게 놀라 뒷걸음칠지도 모른다.

일본 순사, 인민군, 중공군, 유엔군이 차례로 지나가는 등 난리를 겪는 동안 숱한 사람들이 죽어갔지만 산천만은 변함이 없어 엄마 품처럼 포근했는데, 오늘의 고향은 양장에 파마머리 한 엄마 같아 낯설기만 하다. 나는 때때로 고향땅에 서서 고향을 그리워하며 살고 있다.

얼마 전에는 그 팔당호에 잠기고 남은 옛 터전에 정부가 공원을 조성하고, 공모를 통해 '물안개 공원'이란 꽤 로맨틱한 이름까지 붙여 많은 사람들이 모여드는 명소가 됐지만 나는 그런 곳이 내 고향이란 걸 받아들일 수가 없다. 이런 심정으로 사는 사람들이 우리나라에만도 수백만일 것이다.

이렇듯 천지가 개벽해서 여러 사람이 물질적, 정신적 손실을 입어도 그게 다 더불어 잘살아 보자고 하는 일이라니 공익에 이바지한다는 명분으로라도 감수한다지만, 인심은 아무 명분도 없이 그보다 더 황무지가 되어 가니 한없이 황량하다.

사람다운 사람은 험한 말을 하지 않는다. 그런데 요즘 세상에는 막말, 비아냥, 생트집, 욕설, 심지어는 증오에 찬 저주까지 횡행하니 불쾌감을 지나 불안하다.

그런 게 다 숨어서 하는 인터넷 때문인가 했는데, 모 일간지 여기자는 요즘 오프라인에서도 새로 유행하고 있다는 '○○충' 을 소개하고 있었다. 인간을 벌레에 비유한 신조어로, 남편 잘 만나서 먹고사는 걱정 없이 유모차 밀고 공원에 나가 커피 마셔가며 산책이나 즐기는 엄마는 '맘충', 독서실 앞에 모여 재잘재잘 떠드는 학생들은 '급식충', 지하철 노약자석에 앉은 할아버지들은 틀니를 딱딱거린다고 해서 '틀딱충'으로 부른다는 것이다.

틀딱충, ― 이건 갈데없이 내게 붙여진 이름이라 고향이 상전벽해가 된 것보다 더 서운하고 가슴이 허전했다.

프란츠 카프카의 소설 <변신>의 주인공 그레고르 잠자는 어느 날 잠에서 깨어 보니 자신이 벌레가 되어 있어 큰 충격에 빠진다. 그는 직물회사 외판원으로 돈을 벌어, 아버지의 사업 실패로 기운 집안을, 가정부를 두고 살 만큼 일으켜 세우고, 여동생의 바이올린 공부까지 걱정하는 성실한 가장이 됐지만, 벌레로 변신하자 직장에서 해고된 것은 물론, 가족들에게마저 온갖 멸시와 천대를 다 받다가 아버지가 던진 사과가 등에 박혀 그 독으로 죽고 만다. 잠자가 죽자 가족들은 홀가분하게 여행을 떠난다는 이야기다.

'벌레' 낙인을 찍어 제2의 '잠자'를 양산할 21세기 인간들의 심성을, 이미 백여 년 전에 내다보고 《변신》을 써낸 카프카의 통찰력이 놀라울 따름이다.

산전수전 다 겪으면서도 '인간'의 지위만은 지키며 80성상을 살아왔는데, 이제 여생을 '벌레'로 살아가야 할 일이 난감하다.

양반 사퇴서

매일 만나도 만날 때마다 어려워서 긴장하게 되는 사람이 있고, 가끔 만나도 늘 만나는 사람처럼 편하고 즐거운 사람도 있다.

상대방을 긴장시키는 사람은 대개 옷차림이나 행동거지에 빈틈이 없다. 삼복더위에도 정장을 하거나, 노타이 차림이라도 단추만은 턱밑까지 채워야 안심이 된다. 말수가 적어 남의 말 열 마디에 한두 마디를 해도 농담 같은 허튼소리는 하지 않는다. 매사에 꼬장꼬장해서 쉽게 웃거나 대놓고 화를 내지도 않지만, 조금만 기분이 상하면 금방 표정에 나타난다. 이런 사람을 만나면 헤어질 때까지 긴장하게 돼서 편치가 않다.

대하기 편한 사람은 대개 차림새나 행동거지에 어딘가 헐렁한 구석이 있다. 정장보다 편한 옷을 즐겨 입고 엄동설한에도 셔츠의 목 단추 하나쯤은 풀어 여유를 준다. 한 옥타브 높은 음정에 상대가 불쾌하지 않을 정도의 농담까지 섞어 격을 깬다. 성품이 유들유들해서 잘 웃고 기분이 좀 상해도 표정이 크게 변하지 않는다. 이런 사람은 편하고 즐거워서 만나면 반갑고 헤어지기가 아쉽다.

나는 어려서 경기도 광주의 한 촌마을에 살았다. 할아버지 형제분이 텃밭 하나를 사이에 두고 한집처럼 살았는데, 형님이신 우리 할아버지는 술을 드셔도 절대로 과음하는 법이 없는 등 경우 바르고 예의범절이 엄격해서 어른 아이 할 것 없이 모두가 어려워했다. 이와는 반대로 작은할아버지는 두주불사에, 주먹이 세기로도 광나루, 뚝섬나루 일대에까지 소문이 나 있었다. 장날이면 곤드레가 되게 취해서 동구 밖에서부터 "마누라, 마누라…." 하고 동네가 떠나가게 불러 대다가 육자배기를 뽑아 올리기도 했다. 이렇듯 성정이 분방하다 보니 아이들조차 어려워하지 않았다.

옛날에는 정월 대보름날이면 더위를 파는 풍속이 있었다. "아무개야!" 하고 불러서 대답을 하면 냉큼 "내 더위 사가라!" 하는 식인데 그렇게 팔고 나면 그해 여름은 더위 안 먹고 지낼 수가 있다는 것이다. 따라서 그날만은 아무리 친한 친구가 불러도 대꾸를 하지 말아야 한다. 하지만 누가 부르면 대답이 튀어나오는 건 누구나 몸에 밴 관성이라 단단히 정신을 차리지 않으면 더위를 사기 십상이다. 그렇게 더위를 판 아이는 기뻐 날뛰고 얼떨결에 더위를 사고 만 아이는 분해서 씩씩거리기 마련이었다.

작은댁에는 재종형과 누나가 여럿이었지만 나는 두 학년이 위인 형이 좋아서 아침에 눈만 뜨면 달려가곤 했다.

두 살 터울인 내 아우가 여남은 살 무렵의 대보름날이었다. 내가 작은댁으로 가는데 그날따라 동생이 따라오더니 사랑방 툇마루에 장죽을 물고 앉아계신 작은할아버지 앞으로 냉큼 달려갔다. 할아버지가 귀가 어두우시다는 걸 알고 있는 아우가 목청을 한껏 높여 "할아버지!" 하고 불렀다. 할아버지는, 이른 아침에 나타난 손자녀석이 기특하셨던지 반갑게,

"오냐, 너 일찍 일어났구나."

하셨다. 대답이 떨어지기 무섭게 아우가 외쳤다,

"내 더위 사가세요!"

"예끼, 이놈!"

할아버지는 장죽을 건성으로 휘두르며, 그러나 웃음기 가득한 얼굴로 껄껄 웃으며 한마디 덧붙이셨다.

"허어, 고얀 놈!"

어른에게 더위를 팔다니, 나로서는 상상도 못 할 일이었다. 유유상종이란 말은 조손간에도 통하는지, 당신들의 성격대로, 우리 할아버지는 개구쟁이 동생보다 예의바른 나를 편애하시고, 작은할아버지는 조

금 엉터리 기질이 있는 동생을 더 귀여워하셨다. 나는 동생이 부러웠다.

반상班常의 차별이 심하던 시절의 양반들은 법도가 엄격했다. 어느 하인 하나가 무슨 요행을 만나 양반 행세를 하게 됐는데 그 숨막히는 법도를 감당할 수가 없어 단 며칠 만에 의관을 벗어던지고 도로 하인이 되었다는 일화가 있다.

실속도 없이 양반 기질이 강한 할아버지의 훈육을 받은 나는 매사에 소극적이고 숫기 없는 유년 시절을 보냈다. 그 때문이었을까? 현대인들은 노랫말의 후렴처럼 외워대는 “사랑해.”를 나는 아내에게조차 한 번도 해보지 못했다. 사랑은 말로 하는 것이 아니라 행동으로 하는 것이라는 신념(?)이 확고한 데다가, 아내가 자기를 사랑하느냐고 물어온 적도 없으니 가뜩이나 낯간지러운 그 말을 어찌 차마 입에 담으리오. 물론 이런 것도 병이라면 병인 걸 나도 안다.

세월이 약이라더니 나이 칠십이 넘어서 얻은 손주녀석 덕에 나는 요즘에 와서야 수시로 아내에게 사랑(!)을 고백한다. 내가 한껏 무드를 잡아,

“사야요.”

하면 아내 얼굴이 금방 환해진다. ‘사야요.’는 손주아이가 처음 말을 배우던 첫돌 무렵에, “사랑해요”가 발음이 안 돼서 혀 꼬부라진 소리로 하던 말인데, 그 아이가 열 살이 된 요즘도 나는 그 주문 같은 말을

아내에게 써먹고 있는 것이다. 고마운 일이 있거나 무료할 때 농담 삼아 "사야요." 하면 아내는 졸다가도 빙글빙글 웃는다. 내 고백에 감동해서가 아니라 손자놈 어릴 적 얼굴이 떠올랐기 때문일 테지만 어쨌든 효과 만점이다.

그러고 보니 나도 당초부터 양반 노릇할 체질은 못 되었던 모양이라 이제라도 그 숨막히는 양반 시늉은 그만두기로 한다.

"사야요."

불출 일기

내 나이 50초반쯤이던 어느 날 K 씨에게 볼일이 있어 사무실로 찾아간 일이 있다. 노크를 하고 들어서니 K 씨는 웃음이 가득한 얼굴로 누군가와 전화 통화를 하고 있었다. 잠시 후 수화기를 내려놓은 그는 그 표정 그대로 다가와 내 손을 덥석 잡으며 한껏 들뜬 목소리로,

"아, 마침 우리 딸내미가 서울대학교에 합격했다는 전화가 와서요…." 했다. 그렇게 기쁜 소식을 아버지 다음으로 전해 듣는 행운이 내 차례가 될 줄은 몰랐다. 나도 곧 대학에 갈 딸 아들을 둔 처지라 부럽기도 해서

"아이고, 잘됐네요, 축하합니다."

하고 진심으로 잡은 손에 힘을 주어 마주 흔들었다.

그게 계기가 되어 그 후로도 나는 K 씨 딸이 장한 일을 할 때마다 그 소식을 남 먼저 전해 듣게 됐다. K 씨는 내게 딸의 합격 소식을 제일 먼저 전한 걸 빌미로 무슨 모임 같은 데서 만나면 스스럼없이 다가와,

"강 형, 그때 그 우리 딸내미 아시지? 그 아이가 장학금을 타게 됐어요."

혹은,

"아, 그 우리 딸내미 박사 논문이 통과됐다네."

하며 지나가는 말처럼 내게만 소식을 전하는 척했지만, 얼굴에는 곁에 있는 사람들에게 자랑하고 싶은 눈치가 역력한데 차마 모르는 체 할 수가 없어,

"아- 그 서울대학교에 다니는 따님?"

하고 좀 과장해서 맞장구를 쳐주곤 했다. 처음 한두 번은 내 일인 양 덩달아 유쾌했는데, 그 후로도 승승장구하는 남의 딸 자랑을 일방적으로 듣기만 하다 보니, 자랑 한 번 못 해보고 남의 장단에 추임새나 넣고 있는 내 처지가 초라해 보여 기분이 묘했다.

그럭저럭 K 씨의 딸 자랑이 뜸해지는 동안 어느덧 그를 닮아 있는 나를 발견하고 스스로 낯을 붉히곤 한다. 70을 넘은 나이에 첫손자를 본 것이 발단이었다. 50대부터 친구들이 손자, 손녀 자랑을 늘어놓을 때는 심드렁하더니, 그 아이들이 다 커서 대학 가고 시집 장가도 간

뒤에 얻은 내 손자는 무슨 용종龍種이나 되는 양 자랑스러운 것이다. 자랑 잘하는 사람을 팔불출이라고 한다는 건 알지만 그런 걸 따질 계제가 아니다. 당장 친구들 술자리에 가면 누구에게 선수라도 빼앗길세라 대뜸,

"오늘 술값은 내가 낸다!"

하고 한껏 호기를 부리곤 했다. 누가 묻지도 않는데 손자 얘기 꺼내기가 좀 겸연쩍은 그 장면에서 추임새 넣듯,

"왜?"

하고 외마디 질문이라도 해주는 친구가 여간 고맙지 않았다.

"내가 손자를 봤어!"

이렇게 외치고 나면 한순간이나마 좌중의 이목이 내게로 쏠려 내가 주인공이 된 기분이다. 손주 재롱 다 본 지가 옛날인 그들 눈에는 가소로워 보일 줄 알면서도 그렇게라도 해야 나도 뭔가 인정을 받은 것 같아 안심이 된다.

자랑에도 중독성이 있는지 그렇게 시작한 낯뜨거운 손자 자랑을, 그 아이가 초등학교 2학년이 된 요즘까지 자제하지 못 하고 있다.

아이가 유치원 골든 벨을 울렸을 때만 해도, 아내가 일가친척들 앞에서 하는 자랑을 듣기만 했지 내 입으로 떠벌리는 것만은 참아왔는데, 아이가 초등학교 1학년 때는 지역 단위 영어 말하기 대회와 수학 경시대회에서, 2학년이 되어서는 광역 단위 수학 경시대회에서 우승을 한

데다가 반장까지 되고 보니 가뜩이나 위태위태하던 내 인내심의 둑이 맥없이 무너지고 말았다.

하는 수 없었다. 누가 뭐래도, 이런 장한 손자의 할아비로서, 팔불출 되는 게 두려워서 그 손자의 영예를 감추는 건 비굴한 짓이라고 스스로 유권해석을 내리기로 했다.

시인 김상용은 "왜 사냐건 웃지요"라고 노래했지만, 내게 왜 사느냐고 묻는다면 인정받기 위해 사노라고 대답할 것이다. 나는 인간이 어머니 뱃속에서 나와 첫 울음을 터뜨리는 것으로 시작한 평생의 모든 행위가 세상 사람들에게 존재의 위기를 알리기 위한 SOS라고 믿는다. 이렇듯 인간은 자신의 존재가 무리의 관심 밖으로 밀려나서는 살 수가 없는 동물이다.

뭔가를 남들에게 자랑하는 것도 자신의 존재를 인정받으려는 행위에 다름 아니다. 내 능력이 모자라니 나와 가까운, 능력 있는 사람의 후광에 힘입어서라도 내 존재를 인정받고 싶은 것이다.

나는 요즘도 친구들을 만나면 손자 자랑할 기회를 엿보곤 한다. 그게 바로 팔불출 짓이란 걸 알고 있는 백발의 할아비가 어린 손자를 내세워 친구들의 관심이나마 모아 보려니 낯이 뜨겁지만 어쩔 수가 없다.

-내가 인정받고 싶은 만큼 남을 인정해 줄 줄도 알아야 하려니….

인정이 그립다

차례나 제사 한번 지내려면 할 일이 많다. 전이나 나물 따위는 명절 때면 하루 전날 제수씨와 며느리가, 제사 날이면 당일에 누이동생과 딸까지 와서 돕지만, 그래도 미리 준비해야 할 일이 적지 않다. 아이들이 사다가 쓰자고 해도 아내는 제사 음식에는 정성을 들여야 한다며 손수 한다. 나는 그런 아내를 쳐다보고만 있기가 안쓰럽고 미안해서 할 수 있는 일을 찾아 돕곤 한다.

지난 추석 밑에도 장을 봐온 아내가 장바구니를 내려놓고 이것저것 챙기더니 뿌리가 무성한 쪽파 한 다발을 밀쳐놓으며 다듬으라고 했다. 다듬어 파는 것보다 워낙 싸서 사왔으니 그걸 다듬는 게 곧 돈을 버는 일이라는 것이다.

텔레비전 앞에 신문지를 깔고 앉아 다듬어 보니 힘이 드는 일은 아니지만 줄기 수가 너무 많아 지루하고 따분했다. 다듬은 파를 두고 군이 이런 걸 사다가 늙은이에게 떠맡기나 싶어 심기가 자못 불편했지만 제주祭主의 입장에서, '정성'을 들이느라 수고를 불사하는 사람에게 불평을 할 염치가 없을뿐더러, 그랬다가는 아내가 먼저 파업을 선언할 것만 같아 애써 심기를 달랬다.

텔레비전에서는 마침 최저임금 문제를 두고 시위가 벌어지고 있다. 불과 반세기 전까지만 해도 가난한 나라의 선두 대열에서 허덕이던 우리나라가 산업화 과정을 거치면서 어느덧 선진국 대열을 넘보게 됐지만, 그러는 동안 빈부의 격차가 심해져서 저소득층의 박탈감 내지 위화감이 사회문제가 된 건 어제오늘 일이 아니다.

군사정권 시절, 창원공단의 어느 업체에 근무하던 막내아우가 평일에 예고도 없이 서울 내 집에 온 일이 있었다. 웬일이냐고 물으니 노사 간의 임금 협상이 합의점을 찾지 못해 내일 서울에서 벌이는 시위에 참여하러 왔다고 했다. 노사 갈등으로 빚어지는 억압과 분노를 참다 못해 분신하는 젊은이가 있을 만큼 살벌하던 때라 걱정이 돼서 말리고 싶었지만, 노조 측의 요구가 겨우 '일급 100원 인상'이라는 말을 듣고 차마 막을 수가 없었다. 이후로 정권이 여러 번 바뀌어도 이런 갈등은 그치지 않고 있다.

새로 들어선 정부는 그 원인이 지난 정권의 실정에 있다며, 이른바

소득주도성장 정책을 내걸고 그 첫 과제로 최저 임금부터 큰 폭으로 올리자 소상공인들이 펄쩍 뛰고 나섰다. 가뜩이나 경기침체가 심해 먹고살기도 어려운 판에 종업원 임금은 올리고 근로시간을 단축하라는 건 다 죽으라는 말이나 다름이 없다는 주장이다.

노사 갈등으로 인한 시위라면 으레 노동자들이 머리에 붉은 띠를 두르고 허공을 향해 주먹질하며 구호를 외치는 것이 전형인데, 지금 텔레비전 화면에서는 생판 처음 보는 장면이 벌어지고 있다. 소상공업 사장님들이 몸으로는 노동자들의 시위와 같은 장면을 연출하면서 입으로는 다른 구호를 외치고 있는 것이다.

노사勞使 갈등이 정사政使 갈등으로 번지고 있는 형국인데 이쯤 되면 정부가 근로자들 편을 들어주는 셈이니 근로자들이 환호해야 이치에 맞을 듯하지만, 사태가 이치대로 돌아가지를 않는 모양이다. 업주들이 임금을 감당하기가 어려워 고용을 줄이거나 아예 사업 자체를 포기하는 바람에 값싼 일자리나마 점점 줄어든다는 것이다. 이건, 정부는 물론 노사 모두 바라는 바가 아닐 것이다. 게다가 우리나라 젊은이들이 기피하는 일자리를, 나라 형편이 우리만 못한 외국 근로자들로 메우고 있는데, 최저 임금제와 주 52시간 근로제가 그들에게도 똑같이 적용된다니 모처럼 야심차게 추진하는 정책이 그들을 위한 시혜가 되는 건 아닌지 걱정이다.

저려오는 다리를 뒤척이며 쪽파를 다듬노라니 문득 모란 5일장터

노점에 몇 가지 채소를 올망졸망 늘어놓고 앉아 쪽파를 다듬고 있던 채소장수 할머니 모습이 떠올랐다. 다듬어 팔면 값을 더 받을 수 있으니 손님이 없는 사이에도 돈을 벌고 있는 셈이지만 그렇게 해서 거기 놓인 물건을 다 팔아도 장정의 하루 품삯이나 될까 말까 해 보이는데, 그나마 사려는 사람이 없어 쉬지 않고 일손을 놀리면서도 사람이 지나갈 때마다 채소 사라고 외치고 있었다.

그러고 보니 나는 지금 그런 할머니들의 벌이를 빼앗아 하고 있는 셈이다. 일을 마치고 뒷정리를 하며 아내에게 자랑 삼아 물었다.

"이거 다 다듬었는데, 그러면 내가 얼마나 번 셈인가?"

아내는 다듬어놓은 파를 힐끗 쳐다보더니 선심이라도 쓰듯,

"3천 원!"

했다. 최저 임금이 시간당 7천 몇 백 원에서 곧 만 원까지 오른다는데, 아내는 내가 한 시간 넘게 일한 품삯이 겨우 3천원이라면서도 기분이 좋은 모양이다.

"일을 한 시간도 더했는데 겨우 3천 원이라고?"

"아무 일도 안 하고 우두커니 앉아만 있으면 3천 원은 누가 거저 줘요?"

문득 TV에서 본 노인이 생각났다. 손수레로 한나절 폐지를 모아다가 고물상에 주고 채 만 원도 못 되는 돈을 받아갔다. 그에 비하면 3천 원도 과하다.

나는 그게 생업이 아니니 그렇다 친다지만, 생계가 걸린 투쟁에 나선 사람들의 처지가 남의 일 같지 않다. 게다가 폐지 줍는 노인이나 채소장수 할머니처럼 푼돈 벌이에 목을 매고 살면서도 임금 투쟁을 벌일 상대조차 없는 사람들을 생각하면 가슴 속이 한없이 쓸쓸해진다.

가난하던 시절에는 끼니 걱정만 안 해도 행복할 것 같더니 국민소득이 30,000달러 선진국 수준으로 높아졌는데도 세상은 왜 이처럼 삭막한가….

가난했지만 인정 나누며 살던 시절이 그립다.

잠 못 이루는 밤

1880년 메릴랜드주의 한 고학생이 배고픔을 참다 못해 어느 집 문을 두드렸다. 혼자 집을 보고 있던 예쁜 소녀가 나왔다. 청년은 소녀에게 먹을 것을 달라는 말이 나오지 않아 머뭇거리다가 물을 좀 달라고 했다. 하지만 소녀는 사정을 눈치 채고 물 대신 우유 한 컵을 내다 주었다. 모두가 넉넉지 않던 시절이라 어린 소녀에게 그걸 그냥 받아먹기가 미안했다. 주머니를 뒤져보니 동전 한 닢이 잡혔다. 이거라도 받으라고 하니 소녀는, 엄마가 남에게 친절을 베풀더라도 대가를 받으면 안 된다고 하셨다며 손사래를 쳤다.

10여 년이 지나 성인이 된 소녀가 중병이 들어 목숨이 위태롭게 되었지만 그녀가 사는 시골마을에는 의사가 없었다. 비싼 왕진비를 무릅쓰고 대도시에서 의사 한 분을 초빙했다. 환자를 본 의사는 그녀가 그 옛날 우유를 준 바로 그 소녀라는 걸 한눈에 알아보았지만 모르는 체하고 온갖 정성을 다 기울여 고비를 넘겼다. 그렇게 며칠 만에 환자가 완쾌되었다. 여인이 치료비를 걱정하며 청구서를 받아 보니,

"치료비는 10여 년 전에 우유로 미리 지불하셨습니다."

이렇게 적혀 있었다. 그 의사가 바로 존스홉킨스 병원을 설립한 하워드 켈리였다. (원문 요약)

어느 블로그에서 읽은 미담이다.

세간에는 이보다 더 감동적인 이야기도 얼마든지 있다. 그걸 알면서도 굳이 이 이야기를 소개하는 것은, 불현듯 내가 고학할 때 겪은 사연 하나가 떠올랐기 때문이다.

6·25전쟁 중에 초등학교를 졸업하고 1년 동안 농사일을 돕다 보니 중학교 모자 쓴 아이들이 부러웠다. 무작정 집을 나와 서울 청량리 밖 떡전거리에 사는 큰고모댁으로 갔다. 피난지 대구에서 병으로 남편을 잃고 나보다도 어린 삼남매를 거느리고 돌아온 터라 고모도 형편이 딱했다.

고모는 미군부대에서 나오는 양담배를 사서 남대문 도깨비시장에 내다파는 한편, 뒤란에서 닭을 길렀다. 나는 그런 고모를 도우며 1년 반 과정의 속성 중학교를 마치고 야간고등학교에 입학했는데, 하필

그해에 닭 전염병이 돌아 기르던 닭이 거의 다 죽었다. 그래서 시작한 것이 사료 배달이었다.

먹고사는 일이 절박하던 때라 누구나 할 수 있는, 닭이나 돼지 등 가축을 기르는 집이 많았다. 당연히 사료를 사들여야 하는데 근방에는 사료가게가 청량리에 있는 도매상 하나뿐이었다. 아직 전차 말고는 교통수단이 없던 때라 운송 수단이 손수레나 자전거가 전부였다. 청량리를 벗어난 외각 지역 사람들은 수레나 자전거가 없으면 사료를 사오거나 생산한 달걀을 청량리시장에 내다파는 일이 큰 문제였다.

나는 우선 고물 자전거 한 대를 샀다. 앞바퀴 축과 핸들 양쪽을 철근으로 고정하는 보강 장치를 달고 짐받이도 우람하고 튼튼하게 개조한 운반 전용 자전거였다.

고모네 집에 사료 견본만 사다 놓고, 주문을 받으면 자전거를 타고 도매상에 가서 주문대로 사서 배달해주고 소매 값을 받았다. 당시에는 청량리를 벗어나면 모두가 비포장도로였다. 게다가 나는 자전거가 서툴러서 처음 얼마 동안은 수없이 넘어지다 못해 아예 끌고 다녀야 했지만, 단골집이 늘어갈수록 내 자전거 실력도 늘어서 빈 자전거일 때는 비포장도로를 두 손 놓고도 달릴 만큼 숙달됐다.

중앙선 망우역 근처 언덕바지에도 닭과 양 두 마리를 기르는 단골집이 있었다. 인근에 있는 국민학교의 교장선생님 댁이었는데, 교장선생님조차 봉급만으로는 아이들 학비를 감당할 수가 없어 부업을 한다고 했다. 사료를 싣고 가면 언제나 엄마 연배쯤 되는 사모님이 기다리고 있다가 수고했다며 보리차와 날달걀 한 개씩을 주곤 했다. 당시의 달걀 한 개는 요즘 한 꾸러미보다 더 귀해서 소규모로 닭을 기르는 집에서는 맛도 못 보고 내다팔았다.

사모님은 당신의 아들 또래인 나를 기특하게 여겨, 생산한 달걀을 청량리 시장에 싣고 가 팔아오게 하고 한 개에 1원씩인가를 수고비로 주었다. 그날도 판자로 만든 사과 상자에 왕겨와 달걀을 켜켜이 담아 두 상자를 싣고 청량리로 가다가 휘경동 기찻길 교차로에서 앞바퀴가 철로에 미끄러져 넘어지고 말았다. 건널목 간수 아저씨의 도움으로 엉망이 된 달걀상자를 추슬러 싣고 교장 선생님 댁으로 되돌아가는데 비가 내렸다.

집 앞에 이르자 올라가는 언덕길의 찐득찐득한 황토 흙이 자전거바퀴에 엉겨붙어 썰매처럼 끌고 올라갔더니 땀이 비 오듯 했다. 빗물과 땀과 눈물이 범벅이 되어, 놀란 사모님 얼굴이 딴사람 같았다. 사정을 들은 사모님은 말없이 부엌으로 가더니 우유 한 컵을 들고 나와 등을 두드리며 달랬다.

"괜찮아. 살다 보면 별 일이 다 있단다. 걱정 말고 이거 마셔."

그 집에서 가족들 먹으려고 기르는 양 젖이었다.

그 일이 있은 지도 70년 가까운 세월이 흘렀다. 돌이켜 헤아려보니 내가 은혜를 입은 분이 그 사모님뿐이 아니었다. 하지만 나는 그분들 모두가 세상을 떠날 때까지 작은 보답도 못했고, 이제껏 남에게 변변히 베푼 일도 없이 미담 속의 수혜자受惠者로만 살아왔다.

자다가도 그 생각을 하면 미안하고 부끄러워 잠이 오지 않는다.

후레자식들

잠자던 벌레들이 놀라 깬다는 경칩驚蟄이다. 지구상의 모든 생명들이 생식활동을 시작할 것이다. 인간이나 동식물이나, 무릇 생명을 가진 무리들은 종족을 보존하려는 것이 본능이자 자연현상이기도 하다. 그 본능이 수억 년 동안 대를 이어 지구를 지켜왔다. 인류도 그중의 한 종이다. 그래서 부모와 자식 사이의 관계를 천륜天倫이라고 한다. '하늘이 정해 준 거스를 수 없는 관계', 또는 '서로 간에 지켜야 할 도리'라는 뜻이라고 한다. 이 말을 영어권에서는 뭐라고 표현하나 싶어 사전을 찾아보니 'natural law' 또는 'the natural relationships of man'이라고 되어 있다. '天(하늘)'을 'nature(자연)'로 본 것만 다른데, 인류도 자연의 일부이니 '천륜'은 곧 자연계의 순환 법칙인 셈이다.

얼마 전, 90대의 노인이 아들인지 손자인지를 상대로, 물려준 재산을 돌려달라는 소송을 제기해서 화제가 된 일이 있다. 극진히 모시겠다는 말만 믿고 전 재산을 넘겨줬더니 받고 나서는 언제 그랬느냐는 듯이 연락조차 끊어서 생계가 막막하다는 것이다.

그나마 고소인이 100세에 가까운 고령이어서 화제가 됐을 뿐이지 비슷한 일이 일 년에 수백 건씩 벌어진다고 한다. 이건 뭔가 천륜 내지 natural law에 위배되는 일인 것 같아 나처럼 물려줄 재산이 별로 없는 부모로서는 계산이 자못 복잡해진다.

'동방예의지국'이 이 지경이라 다른 나라들의 사정은 어떤지가 궁금했는데, 모 일간지 최근호에 실린 '윤희영의 News English'라는 영어 학습코너에서는 더 기막힌 기사를 교재로 다루고 있다.

<부모 고소하겠다는 황당한 이유>라는 제목의 기사 전문을 소개하면 다음과 같다.

> 인도의 27세 청년이 자신의 동의 없이 자기를 낳았다며 부모를 고소할 예정이라고 한다. 라파엘 새뮤엘이라는 이 청년은 자식을 이 세상에 강제로 태어나게 하고 직업을 갖게 하는 것은 유괴 납치 및 노예화와 다를 바 없다며 부모를 상대로 소송을 하겠다고 예고해 전 세계의 화제가 되고 있다. 그는 부모의 쾌락과 즐거움을 위해

원하지도 않는 아이가 태어나 학교생활과 구직이라는 복잡하고 기나긴 고행을 겪게 하는 것은 옳지 않다고 강변한다. 위한다면 아예 낳지를 말았어야 한다고 훈계한다.

“자식은 부모에게 빚진 것이 전혀 없다. 원해서 태어난 것이 아니므로 오히려 부모에 의해 부양되고 살아갈 돈이 주어져야 마땅하다. 부모는 자식을 투자 또는 보험증권처럼 다뤄서는 안 된다.”

자칭 인구 억제주의자인 그는 이 험한 세상에 아무 생각 없이 자식을 퍼지르는 것은 삼가야 한다며, 자식들의 미래를 위해서도 옳지 않다고 명분을 내세운다.

반응은 대부분 부정적이다.

“좋은 정자들을 짓밟고 이 세상에 태어난 자가 바로 너다.”

라는 댓글도 달렸다. 하지만 변호사 부부인 그의 부모는 그래도 자식이라고 감싼다. 아버지는,

“네가 두려움 없고 독자적 사고를 가진 젊은이로 성장한 것을 기쁘게 생각한다. 행복한 인생을 찾아가기 바란다.”고 했다.

다만, 엄마가 변호사다운 한마디를 덧붙였다.

“네가 태어나기 전에 아빠 · 엄마가 어떻게 너에게 사전 동의를 구할 수 있을지에 대해 합리적 설명을 제시한다면 나도 내 실수를 인정하마.”

가뜩이나 온 천지가 미세먼지에 뒤덮여 숨쉬기가 어려운 판에 이런 기사를 보니 기가 막힌다. 누구인들, 어느 생명체가 제 의지로 세상에

태어났겠는가. 만일 자신이 원하지 않았는데 태어난 아이가 있다면, 우리가 알 수 없는 어느 세상에는 태어나기를 원하는데도 못 태어나고 있는 아이가 태어난 아이보다 더 많을지도 모른다.

우리나라 정부가 "둘만 낳아 잘 기르자"며 아이 낳는 걸 극구 말리더니, 불과 반세기 만에 갖은 감언이설로 출산을 독려하고 있다. 막대한 세금을 거둬 바쳐가며 아이 만들어내기를 간청해도 출산율은 오히려 더 떨어져서 국가 위기론까지 나오고 있다. 이쯤 되면, 저 알 수 없는 세상에서 원하면서도 태어나지 못하고 있는 아이들이 정반대의 소송을 걸어올지도 알 수 없는 일이다.

하늘의 뜻이든 자연의 법칙이든 정해진 우주의 순환 원리를 거스르면 재앙이 오기 마련이다. 요즘 우리가 미세먼지를 마시며 살아야 하는 것도 인류가 자연계의 질서를 깨뜨린 죄과다. 이처럼 물이 썩고 빙산이 녹아내리고 먹을거리가 중금속에 오염돼서 생명을 위협하고 있다. 인류가 어머니 같은 지구를 경쟁적으로 능멸하여 천륜을 어긴 벌이다.

천륜을 어긴 자식을 후레자식이라고 했다. 산천초목과 금수禽獸들은 다 의연하게 천륜을 지키는데 오직 인류만 점점 더 못된 후레자식이 되어 가고 있어 걱정이다.

"후레자식들!"

내뱉고 보니 내게 한 소리 같아 입맛이 쓰다.

동물농장

흉보면서 닮는다는 말이 있다. 이 말을 뒷받침할 관행은 수없이 많다. 그 대표적인 예로 고부갈등을 꼽을 수 있다. 옛날 시어머니들은 며느리를 쥐 잡듯 했다. 가만 두어도 주눅이 들어 숨도 제대로 못 쉬는 며느리를 온갖 트집을 다 잡아 핍박했다. 하다못해 발뒤꿈치가 달걀같이 생긴 것까지 흉이 됐다. 가혹한 시집살이를 한 시어머니일수록 며느리 학대가 더 심한데, 자신이 그만큼 당했으면 며느리에게는 좀 관대할 법도 하건만 더 가혹한 까닭을 알 수가 없다. 군대에서는 선임병, 학교에서는 상급생의 괴롭힘을 못 견뎌 스스로 목숨을 끊는 청소년이 있는가 하면, 일부 의료계, 대학교 사제지간에까지 이런 풍조가 만연한 것도 같은 맥락일 것이다. 실제로 부모에게 매를 맞으며 자란 아이가 폭력성이 강하다는 통계도 있다.

정치판이라고 예외일 리가 없다. 정권이 바뀔 때마다 비슷한 행태가 벌어진다. 쟁점은 한결같이 '내가 하면 로맨스, 남이 하면 불륜'으로 몰아붙이는 아집과 독선이다. 대표적인 사례가 임명직 공직자의 자질 검증을 두고 벌이는 공방인데, 신통하게도 공격수와 수비수가 임무만 교대했을 뿐 전 정권 때 벌어졌던 싸움의 판박이인 것이다.

새로 임명된 금융감독원장은 피감기관에서 제공한 비용으로 인턴을 대동하고 해외출장을 다녀온 전력 때문에 야당의 파상공세를 받아 곤혹을 치르고 있는데, 얄밉게도 TV에서는 당사자가 야당 의원 시절, 전 정부 국무위원 후보의 해외 출장을 문제 삼아 서슬이 퍼렇게 호통치는 장면을 되풀이 방영하여 보는 이들의 실소를 자아내더니, 요즘은 집권 세력의 댓글 조작 사건을 놓고 벌이는 공방이 점입가경이다. 이 역시 이미 식상한 메뉴로, 주객만 뒤바뀐 꼴이라 어이가 없다.

조지 오웰의 우화소설 《동물농장》이 생각난다.

매너 농장의 가축들이 수퇘지 메이저 영감의 연설에 감화되어 농장주 존스와 관리인들을 내쫓는다. 농장 이름도 《동물농장》으로 바꾸고 동물들끼리 농장을 꾸려나간다.

머리 좋은 돼지들이 개혁에 앞장선다. 동물들이 따라야 할 메이저의 가르침을 일곱 계명으로 줄여 헛간에 써 붙였다. 내용을 요약하면 이렇다.

-두 발로 걷는 것은 적이다. 네 발로 걷는 것은 친구다. 침대에서 자서는 안 된다. 모든 동물은 평등하다….

돼지와는 달리 다른 동물들은 긴 계명을 다 외우지 못해 한 문장으로 줄였다.

-네 발은 좋고 두 발은 나쁘다.

머리 나쁜 양도 쉽게 외웠다. 돼지 무리의 나폴레옹과 스노볼, 그리고 스퀼러의 지도하에 모든 동물들은 평등한 동물 공화국 건설을 위해 열심히 일한다. 돼지들의 주도로 일요회의를 열고, 문맹자들에게는 글도 가르친다. 모든 동물들이 주인 의식을 갖고 농장 운영에 참여하니 그야말로 이상적 평등사회가 되는 듯했다.

그러나 시일이 지남에 따라 돼지들의 일방적인 정책 결정이 빈번해졌다. 그래서 몇몇 동물들이 문제를 제기하려고 하면 양들이 뛰어나와 "네 발은 좋고 두 발은 나쁘다."를 외쳐대는 통에 어물쩍 물러서곤 한다.

풍차 건설 문제를 두고 동물들 사이의 권력 투쟁이 벌어지고, 이상주의자 스노볼이 나폴레옹에 의해 축출된다. 나폴레옹은 간교한 스퀼러를 대변자로 내세워 동물들을 설득하고 조종하는 한편, 개 아홉 마리를 풀어 공포 분위기를 조성함으로써 대세를 장악한다. 나폴레옹은 원래 스노볼의 계획이었던 풍차 건설을 빙자해서 동물들을 억압하고, 불평하거나 항의하는 동물은 첩자로 몰아 숙청한다.

그러던 어느 날 돼지들이 침대에서 잔다는 소문이 돌았다. 누군가가 그건 계명에 어긋난다는 것을 기억하고 헛간에 가보니 이렇게 씌어 있었다.

"어떤 동물도 시트를 깔고 침대에서 자면 안 된다."

의아해하는 동물들에게 돼지는 이렇게 말한다.

"침대에서 못 잘 이유가 뭐요? 금지한 건 침대가 아니라 시트요."

돼지가 양들을 데리고 비밀리에 무슨 노래를 가르치던 어느 날 동물들 앞에 놀라운 일이 펼쳐진다. 두 발로 걷는 인간을 나쁘다고 내쫓은 돼지들 자신이 두 발로 서서 걷고 있는 것이다. 이번에야말로 단단히 항의해야겠다고 벼르는 순간 양들이 외쳐댄다.

"네 발은 좋고 두 발은 더 좋다."

어느새 "네 발은 좋고 두 발은 나쁘다."던 구호를 "네 발은 좋고 두 발은 더 좋다."로, "모든 동물들은 평등하다."는 "어떤 동물들은 더 평등하다."로 바꾸어 버린 것이다.

저희들이 몰아낸 인간을 닮아, '불륜'을 청산한다며 '로맨스'에 도취해 있는 돼지들의 앞날이 불안하다. 그들의 통치를 받아야 하는 농장의 동물들이 측은하다.

맷집

흥부는 아이 스물넷에 마누라까지 스물다섯 식구를 먹여 살려야 했다. 재산이라고는 자다가 다리를 뻗으면 벽을 뚫고 나갈 만큼 좁은 오막살이 한 채뿐이었다. 갖은 멸시를 다 당해가며 가마꾼, 남의 묘 벌초하기, 초상집 영정 들기 등 닥치는 대로 일을 해도 끼니를 잇기가 어려웠다. 그런 흥부에게도 목돈을 쥘 수 있는 일이 한 가지 있었다. 매를 맞는 일이었다. 죄를 지어 곤장을 맞게 된 죄인이 맞을 곤장 백 대를 맞아주고 엽전 30냥을 받았다는 것이다. 곤장을 백 대쯤 맞다 보면 죽을 수도 있고, 용케 견뎌내도 불구가 되기 십상이었다니 어지간한 맷집으로는 나설 엄두를 못 낼 일이다. 이렇게 번 돈 30냥을 어느 호사가가 요즘 돈으로 환산해 보니 60만 원쯤이라고 한다.

평소에는 처자식을 위한 일이라면 끼니를 굶어도 내색을 안 하던 흥부도 이때만은 10냥을 떼어 자신의 장독杖毒을 다스리는 데 썼다고 한다. 또 맞으려면 몸을 추슬러 대비해야 했을 것이다.

우리나라가 권투로 세계를 재패하던 시절이 있었다. 프로권투 세계 챔피언을 10여 명씩 배출하는가 하면, 아마추어에서도 올림픽 효자종목으로 각광을 받았다. 선수들 대부분이 가난한 집 자식들이라 헝그리 복서로 불렀다.

권투는 외로운 운동이다. 사각의 링 안에서 살인적인 주먹이 사정없이 날아들어도 자신을 구원할 유일한 수단은 오로지 자신의 주먹 하나뿐이다. 하지만 아무리 주먹이 세도 맷집이 약하면 상대의 주먹 한 방에 이겼던 경기를 넘겨주기 예사다.

내 친구 Y군도 1960년대 말까지 프로로 활약한 권투선수였다. 당시로서는 꽤 흔한 챔피언 벨트 한 번 매보지 못하면서도 제법 오래 현역 자리를 지킨 것은 맷집 덕이었다. 프로권투는 흥행이 우선이고 프로모터들은 맷집 좋은 외국선수들을 싼값으로 불러들여 국내 유망주로 하여금 실컷 두드려 패게 함으로써 팬들을 열광시켜 돈을 번다. 필리핀, 태국 등 동남아 선수들이 우리나라에 와서 두드려 맞고 가듯, 우리나라 선수 중에도 일본 등지에 가서 맞고 오는 일이 잦았는데 Y도 그중의 하나였다. 그렇게 벌어 온 몇 푼 안 되는 돈으로 사주는 술을 얻어먹으면서 들은 푸념이 지금도 생각난다.

"X팔, 상대가 세계 랭킹 2위라는 놈인데 어찌나 빠르고 펀치가 센지 죽겠는 거야. 다운당한 척하고 쓰러져서 안 일어나고 싶은 생각이 굴뚝같은데 그건 자존심이 상해 못 하겠고…!"

맷집이라면 홍수환 선수를 빼놓을 수 없다. 1974년 7월, 남아공의 수도 더반에서 WBA 팬텀급 챔피언 아놀드 테일러를 15회 판정으로 이겨 챔피언에 오른 홍수환은 전화기에 대고 이렇게 외쳤다.

"엄마, 나 챔피언 먹었어!" 전파를 타고 넘어온 어머니의 목소리,

"그래, 대한국민 만세다!"

이렇듯 화려하게 챔피언이 됐지만 2차 방어전에서 타이틀을 잃는다. 자만심 때문이었다는 비판이 일던 그 무렵이었을 것이다. 그의 후원회장이던 정 모 씨가 이렇게 타일렀다고 한다.

"수환아, 솔직히 너한테 실망했다. 링 안에서 맞고 쓰러지면 말려주는 심판이라도 있지만, 세상에서 쓰러지면 아주 짓밟아 버리는 게 인심이다. 권투는 이 험한 세상에 비하면 양반이야 이 친구야. 너는 너 자신한테 졌어!"

심기일전한 홍수환은 77년 11월, 남미 파나마로 건너가서 마침내 4전 5기의 신화를 창조해내고야 만다. 한 체급을 높인 WBA 주니어 페더급 타이틀 결정전에서 헥토르 가라스키야에게 2회전까지 네 번이나 다운당하고도 3회전 공이 울리자 맹수처럼 달려들어 KO승을 거두고 한국 최초로 세계타이틀 두 체급을 석권한 선수가 된 것이다. 그는

링에 오르기 전 세컨드(시합 중 선수를 도와주는 코치)에게 이렇게 말했다고 한다.

"선생님 제가 링 위에서 죽더라도 절대 타월 던지지 마세요!"

타월을 던지는 것은 자기 편 선수의 생명이 위태로울 때 심판에게 보내는 기권 신호다.

더 유명한 선수가 있었다. 얼마 전 세상을 떠난 무하마드 알리다. 알리의 통산 전적 56승(37KO) 5패는, 세계 타이틀을 25차례나 방어한 갈색 폭격기 조 루이스나, 통산 145 KO승을 거두면서 라이트헤비급 세계 타이틀을 9년 2개월 동안이나 지켜낸 아치무어에 비하면 대단한 것이 아닐지도 모른다. 그럼에도 불구하고 알리를 위대한 선수로 꼽는 것은, 다른 흑인 선수들이 백인 선수들의 차별에 비굴하게 순응하면서 오로지 인내심 하나로 영달을 누린 반면, 그는 인내심에 더해 인종차별에 항거하는 정의감과 의협심까지 갖춘 선수였기 때문이다.

그의 본래 이름은 캐시어스 클레이였다. 가난한 어린 시절 극심한 인종차별 속에 복싱을 시작해 열여덟 살이 되던 1960년 로마올림픽 라이트헤비급 금메달까지 땄지만 차별은 그치지 않았다. 한 패스트푸드점에서 햄버거를 사려다가 흑인이라는 이유로 거절당하자 금메달을 강물에 던져버리고 프로로 전향했다. 64년, 당대의 핵주먹으로 명성을 떨치던 소니 리스튼에 "나비처럼 날아 벌처럼 쏘겠다."며 도전하여 챔피언에 올랐다.

할아버지가 노예였을 때 주인에게서 받았다는 '클레이'란 성이 치욕스러워서 이슬람으로 개종하면서 이름도 무하마드 알리로 바꿨지만 시련은 계속되었다. 67년에 월남전 징집영장을 받은 것이다. 그는 "베트콩과 싸우느니 억압하는 세상과 싸우겠다."며 징집을 거부했다. 병역거부죄로 기소되어 징역 5년 형을 받았다가 벌금 1만 달러로 감형되기는 했지만 권투협회에서는 선수 자격을 박탈하고 국무부에서도 해외 활동을 못하도록 여권을 압수하는 바람에 선수생활을 접을 수밖에 없었다.

3년 반이 지난 후에 제재는 풀렸지만 몸이 옛날 같지 않았다. 발이 느려져서 현란한 아웃복싱을 할 수 없게 된 것이다. 발이 느리니 맷집을 기르는 수밖에 없었다. 74년 자이르 칸샤샤에서 벌인 조지 포먼과의 일전은 맷집으로 버틴 경기의 압권이었다. 로프에 몸을 의지한 채, 투포환으로 내리치는 충격과 맞먹는다는 포먼의 주먹을 수없이 맞으면서도 끈질기게 버티자 때리다 지친 포먼이 제풀에 지쳐 쓰러지고 만 것이다. 그 무렵에 벌어진 조 프레이저와의 세 차례 경기도 비슷했다. 그렇게 처음은 빠른 발로, 후반기 두 번은 맷집으로 세계를 세 번 재패한 알리는 이제 전설 속의 인물이 되었다.

요즘 우리나라에 온 외국인 근로자들을 보면 그 옛날 맷집 하나로 버티던 권투 선수들을 생각하게 된다. 외국 근로자들이 3D업종의 차별대우를 무릅쓰고 소개비까지 줘가며 몰려와도 인력난을 겪는 기업체가 많다는데, 우리나라 청년들은 취업난을 호소하면서도 캥거루처럼 부모의 보호막 속에서 황금 같은 청년기를 보내고 있으니 혹 맷집이 약해서 벌어진 현상은 아닌지 걱정이다.

공격력이 달리면 맷집이라도 키워 버티며 기회를 잡아야 하는 곳이 비단 권투 링만은 아니다.

요즘 캥거루족의 부모들 또한 너무 쉽게 타월을 던지는 것 같아 씁쓸하다.

나이

어른이 대접받던 시절에는 나이가 권위의 척도였다. 마을에서나 집안에서나 어른의 말씀 한마디가 곧 법이었다. 나는 늘 나이에 주눅이 들고 나이에 허기가 져 있었다. 먹어도 감질만 나는 것이 나이였다. 나는 그 시절의 사정을 이렇게 적은 일이 있다.

> 강변 모래톱에는 다북쑥이 지천으로 자랐다. 정월 대보름이면 할아버지는 그걸 꺾어다가 홰를 매주셨다. 싸리 빗자루 모양의 홰에는 내 나이만큼만 매끼를 묶기 마련인데 나는 늘 그게 불만이었다. 내 홰가 다섯 매끼일 때에는 여섯 매끼 홰를 가진 아이가 부러웠고, 겨우 여섯 매끼 홰를 가지게 됐을 때는 일곱 매끼 홰를 가진

> 아이가 부러워서 그랬다. 하지만 매끼 하나가 늘어나는 데는 꼬박 일 년이 걸렸다. 이건 떼를 쓴다고 될 일이 아니기에 억지를 부릴 수도 없었다.
>
> —졸작 <달> 일부

어느덧 내 나이가 그 시절의 할아버지보다도 열 살 이상이나 많아졌다. 이만하면 허기도 어지간히 채워졌으련만 속이 헛헛하기로는 그때보다 더하니 이게 무슨 조화인가. 친구들은 세월이 빠르다고 한탄한다. 해가 바뀌는 시기라 요즘은,

"세월은 왜 이리 빠른가?"

하는 탄식을 자주 듣는다. 난들 그걸 못 느껴서 잠자코 있겠나? 그렇다고 맞장구치고 나서기도 싱거워서 나는 짐짓 어깃장을 놓는다.

"세월이 빨라서 뭐 안 되는 일 있어?"

"아, 나이만 자꾸 먹으니까 그렇지."

"나이? 그 맛도 없는 거, 먹어봐야 알아주기는커녕 가는 데마다 괄시만 더 심해지는 거 안 먹으면 될 것 아닌가."

"나이를 누가 먹고 싶어서 먹나?"

"그래도 나는 세월이 더디 가서 지겨운데?"

"뭐야?"

"나이가 맛은 없지만 먹는 김에 한 백 살까지는 먹어줄 작정인데,

아직 팔십도 못 먹었으니 이렇게 더뎌서야 어느 세월에 백 살 다 먹겠어?"

그래서 한바탕씩 웃곤 한다. 어려서는 그렇게도 먹고 싶던 나이가 30을 넘자 맛이 갔다. 부지런한 동생 덕에 장가도 들기 전에 '큰아빠'가 되고 보니 노총각 딱지가 주홍 글씨 같았다. 서른다섯 살까지 가지는 말자는 신부의 청에 못 이겨 서른네 살 12월에 결혼을 했는데 요즘 풍속으로 보면 서두를 일도 아니었다.

그렇게 나를 추월한 아우는 손주를 둘이나 대학에 보냈는데 정작 가문의 뿌리를 지킬 나의 장손은 이제 겨우 다섯 살이다. 자식 농사에 부지런한 동갑내기 친구의 증손자보다도 한 살이 어리다. 친구의 3모작보다 늦은 2모작이지만 나로서는 여간 대견한 수확이 아니다.

어제가 대보름이었다. 베란다에 나가 구름 사이로 들락날락 하는 보름달을 보니 옛날의 고향 생각이 났다. 지금은 마을 아래 댐이 들어서는 바람에 다북쑥이 자라던 강변 모래톱이며 까치둥지가 달린 미루나무가 줄지어 서있던 논둑은 호수에 잠기고, 횃불 들고 달맞이하던 풍속조차 사라졌다. 그러고 보니 달도 옛날의 그 달이 아닌 듯했다. 초췌한 듯도 하고 쓸쓸한 듯도 하고 어찌 보면 모든 걸 체념한 듯도 하다. 달나라에도 인간의 깃발이 꽂혔으니 절구질하던 옥토끼도 멀리 달아났을 것이다.

달이야 어찌 변했든 나의 장손은 변신 로봇 조립에 여념이 없다.

요즘 로봇은 자동차가 됐다가 로봇이 됐다가 하면서 서로 말을 주고받기도 한다. 대보름날 그렇게 로봇놀이를 할지언정 나이에 대한 갈증만은 달맞이 홰에 불을 붙여 들고 나도 어서 여섯 살이 되게 해달라고 빌던 이 할아비와 다르지 않다.

어느 날 유아원의 5세반 여자아이가

"너 몇 살이니?"

하고 묻기에

"네 살."

했더니

"응, 걱정 마. 너도 곧 다섯 살 될 거야."

하더라나? 그날 이후 녀석은 다섯 살 되는 날을 손꼽아 기다린 끝에 마침내 소원이 이루어졌다. 곧 풀잎반(5세반)이 된다며 기분이 좋아진 아이가 할머니에게 물었다.

"할머니, 내가 스무 살 되면 할아버지는 몇 살이야?"

아이에게는 스무 살이 너무 요원해서 엉겁결에,

"그때쯤이면 할아버지는 죽고 없을 걸?"

했더니 아이 표정이 단박에 울상이 되면서,

"나 그럼 나이 안 먹을 거야!"

하는 바람에 감격의 눈물을 감출 수가 없었다고 했다.

듣고 보니 이 기특한 장손의 나이를, 알량한 할아비 때문에 다섯 살에 머물게 할 수는 없는 노릇이라 타협안을 내놓을 작정이다.

"할아비는 나이를 너무 많이 먹어서 더는 안 먹을 테니 너는 마음놓고 먹거라."

2부

인간아, 인간아

가면극 | 가보지 못한 곳 | 반쪽 찾기 | 모닥불 | 생긴 대로 | 외롭다 | 인간아, 인간아 | 밥맛 | 1달러짜리 하느님 | 재수 없는 여자 | 눈물 찾기 | 피카소로 살고 싶다

가면극

우리 동네에는 한의원이, 노인 한의사가 운영하는 곳 하나뿐이었는데 바로 옆 건물에 하나가 더 생겨서 둘이 됐었다. 크지도 않은 동네에 한의원이 둘씩이나 있어도 유지가 될까 싶더니 아니나 다를까, 젊은 여의사가 개업을 하고부터 토박이 한의원은 환자가 줄어 결국 문을 닫고 말았다.

어느 날 무릎이 아프다며 새 한의원에 다녀온 아내는 여의사가 예쁘고 친절해서 노인 환자들이 버글버글하더라고 했다. 내가 한의원 진료를 받은 건 50대에 오십견이 와서 침 맞으러 다닌 게 마지막인데, 아내는 내가 자다가 기침을 한다며 한의원에 가보자고 했다. 기침이 심한 것도 아니고 한약 먹는 게 번거로워 싫다고 했더니 대뜸 내 약점을 파고들었다.

“당신 예쁜 여자 좋아하죠?”

귀가 번쩍 띄었다.

“어? 예쁜 여자?”

“젊은 여의사가 보통 미인이 아니던데 그래도 싫어요?”

임금의 마음을 녹여서 나라 망치게 한 미인을 경국지색傾國之色이라고 한다던데, 환자들 마음을 사로잡아 수십 년 역사의 토박이 한의원을 몰락시킨 여의사는 대체 어떤 미인일까? 짐짓 못 이기는 체하고 따라나섰다.

천장에 주렁주렁 매달린 약재 봉지와 서랍이 빽빽한 약장에서 약 냄새 물씬 풍기는 한약방을 상상하며 들어선 한의원은 내가 잘못 온 게 아닌가 싶게 딴 세상이었다. 약봉지, 약장은커녕 한약이라고는 냄새조차 없는데다가 가운 입은 의사나 간호사복 입은 간호사들 모습이 서양의원과 별반 다르지 않았다. 다른 게 있다면 원장 책상이 놓인 공간 외에는 포장마차 같은 칸막이로 가득 차 있다는 점이었다. 아내는 원장에게 의기양양하게 인사를 시키는데 작은 얼굴이 마스크로 복면을 하고 있어, 아담한 체격에서 울려나오는 낭랑한 목소리와 반짝이는 눈만 보고 상상으로나 미모를 그려볼 수밖에 없어 크게 실망했다.

별수 없이 목소리 미인이 된 원장의 안내를 받아 포장 하나를 들추니 침상이었다. 환자복을 가져온 간호사가 시키는 대로 옷을 갈아입고 누워있으니 다시 원장이 와서 머리와 다리에 여러 개의 실오라기 같은 침을 꽂아놓고 갔다. 그렇게 휴식을 취하라는 것이다. 장의자에 붙어 앉아 멀뚱멀뚱 차례를 기다려야 하는 서양식 병원과는 격이 달랐다. 개 눈에는 뭣만 보인다고, 술꾼 눈에나 포장마차로 보였지 그것들 모두가 환자들이 누워서 기다리는 대기실 겸 시술대였던 것이다.

얼마나 지났을까, 원장이 와서 침들을 뽑더니 옷 입고 나오라고 했다. 책상 앞에 마주앉자 원장은 끼고 있던 고무장갑을 벗으며 손을 내놓으라고 했다. 손등을 잡고 팔목에 두 손가락을 얹었다. 두꺼비 같은 내 손과 대비되어 애처롭도록 희고 작고 가녀린 손이었다. 그 작고 보드라운 손에서 번져 나오는 따뜻한 체온이 삽시간에 온몸으로 번져 와서 그 온기만으로도 오만 가지 병이 다 나을 것 같았다. 그런 자세로 이것저것 묻더니 연세보다 10년 이상 젊다고 해서 기분은 좋은데, 그럴수록 미인의 얼굴이 여전히 마스크에 가려 눈만 보이는 건 못내 아쉬웠다.

진맥을 마치고는 무슨 탕인가를 한 재 달여 놓을 테니 내일 와서 가져가라며, 그것만 먹으면 아무 문제없을 거라고 했다. 미모를 확인하지 못한 아쉬움에 소주 200병 값이 넘는 약값이 아깝다는 생각은 미처 못 했다.

돌아오며 생각해 보니 억울하기로야 예쁜 얼굴을 자랑하지 못하는 의사 선생이 더할 것 같아, 쭈그러져 추한 내 얼굴 노출하지 않은 걸로

나 아쉬운 마음을 달래기로 했다.

이렇듯, 일껏 큰돈 들여 성형수술하고, 비싼 화장품으로 치장한 얼굴을 마스크로 가리고 다녀야하는 미녀, 미남들은 어지간히 속이 상할 테지만, 남의 눈을 피해야 할 도둑이나 지명수배자들에게는 훌륭한 변장이 되기도 할 것이다. 게다가 그 마스크 때문에 생계가 벼랑 끝으로 몰린 영세 상인들을 생각하면 말문이 막힌다. 요즘은 서울, 부산 시장 보궐선거까지 겹쳐서 온 세상이 뒤죽박죽 상황극을 벌이는 가면극장 같다.

이처럼 살기는 팍팍한데, 본래 철면피이던 정치꾼들은 마스크를 쓰더니 더 음흉하고 뻔뻔해져서, 도와줘도 모자랄 서민들의 울화만 돋우고 있다.

이 지겨운 가면극은 언제나 막을 내려 미인 얼굴도 보게 되려는지….

가보지 못한 곳

내 생애 여든 번째 해가 저물고 있다. 돌아보니 지난 세월이 꿈길처럼 아득하다.

내가 지금도 떠올릴 수 있는 유년기 기억 중에는 만세 부르는 장면이 있다. 너댓 살 무렵이었을 것이다. 막내고모는 내가 어쩌다 밥을 잘 먹은 날이면 아주 훌륭한 일을 했다며 나를 번쩍 들어, 방구석에 놓인 앉은뱅이책상 위에 올려 세우고 만세를 부르게 했다. 병약한 체질에 식성조차 꾀까다로워 늘 밥투정을 하는 조카놈에게 한 숟가락이라도 더 먹이려고 그랬을 것이다.

책상 위에 올라서면 어른들의 정수리가 다 내려다보여 내가 어른이 된 기분이었다. 고모의 선창에 따라 양팔을 번쩍 추켜올리며 "반자이!”(만세) 삼창을 목청껏 외치고 깡충 뛰어내리면 할아버지, 할머니를 비롯한 온 가족이 개선장군이나 맞이하듯 함성을 치며 환호해서 식욕을 부추겼다.

그렇게 한 살씩 나이를 먹으면서 알고 싶은 것이 많아졌다. 그중에서도 가장 궁금한 것은 마을을 감싸고 있는 산봉우리들 위에 올라가면 무엇이 보일까 하는 것이었다.

마을을 에워싸고 있는 많은 산봉우리들 중에 내가 처음 오른 곳은 앞동산이었다. 마을 사람들이 ‘도당께’라고 부르는 나지막한 동산 위 소나무들 한가운데 엄청나게 큰 참나무 한 그루가 서 있었다. 그 나무에는 신기하게도 잎이 진 빈 가지에, 겨우살이라는, 까치집 같은 푸른 잎 뭉치들이 주렁주렁 매달려 신비감을 더했다. 마을 어른들은 해마다 그 참나무에 금줄을 매고 제사를 지냈다. 내가 어른들을 따라 처음 올라갔던 날도 그 나무 밑에, 눈웃음치는 돼지머리와 떡시루 등이 차려진 젯상 앞에 무당 옷을 입으신 순철이 할머니를 필두로 많은 사람들이 모여 제사를 지냈다. 하지만 나는 제사 장면보다 더 궁금한 것이 있었다. 사방을 둘러보니 마을 앞 들판과 그 들판을 가로지르는 개천과 들판 끝자락을 스쳐 흐르는 강물과, 그 위에 떠가는 황포돛단배와 강 건너 산기슭에 연기를 내뿜으며 지나가는 기차까지 다 보였다. 한쪽이 나무에 가려, 100여 호 남짓한 마을 전체를 한눈에 볼 수 없는 것이 아쉬웠지만 그 놀라운 신천지에 대한 감동은 아직도 내 오감 속에 살아 있다.

다음으로 올라본 곳이 우리 집에서 개천을 사이에 두고 건너다보이는 절 동산이었다. 등성이 바로 밑에 절이 있어 먼 동네 아주머니, 할머니들까지 불공드리러 오르내리는 산인데, 펼쳐진 시야가 앞동산과는 사뭇 달랐다. 앞동산에서 이미 본 것들은 물론 마을 전체가 한눈에 들어올 뿐 아니라 멀리 남, 북 한강이 만나는 두물머리며 그 강자락을 가로지른 철교까지 어우러져 꿈속에서나 보았음직한 풍경을 펼쳐 보이고 있었다. 후에 들은 얘기지만 일제 치하의 밀주 단속원들도 이 절 동산을 이용했다고 한다. 미리 밀주 단속 나온다는 소문을 퍼뜨리면 술 담근 집에서는 허둥지둥 나무광이나 퇴비더미 속에 술항아리를 감추기 마련인데, 절 동산에 올라가서 그 모습을 다 보아두었다가 족집게처럼 들춰냈다는 것이다.

이처럼 바라보는 높이를 더할수록 세상은 그만큼 더 넓었다. 나는 목마른 아이가 샘물을 찾듯 주변의 높은 봉우리들을 차례로 올라보았다. 그럴 때마다 내가 이미 올라 본 동산들이 모두 발아래 있고 끝없이 이어진 산하를 더듬어 나가다 보면 시력이 모자랐다. 그러면 나는 또 보이지 않는 저 먼 곳에는 무엇이 있을까를 두고 상상의 나래를 펼치면서 막연하게 가보지 못한 곳을 동경했다.

국민학교(초등학교) 1학년 1학기 말에 해방이 되고, 중학교 입시준비로 학교에서 합숙을 하던 6학년 때 6 · 25를 만났다. 피난지에서 엄마를 잃고 아버지는 부역자로 몰려 재판을 받으면서 가세가 급격히 기울었다. 중학교 진학도 못하고 농사일을 돕다가 무작정 상경해서 세파에 뛰어들었다.

서울은 아직도 포연이 가시지 않은 폐허였다. 피난지에서 돌아온 사람들은 미국을 비롯한 우방국들이 보내주는 원조물자나 미군부대 식당에서 나오는 음식 찌꺼기로 꿀꿀이죽을 끓여 먹으며 목숨을 부지하고 있었다. 온 국민이 그다지도 선망하던 서울조차, 지난날 내가 산등성이에 올라서서 꿈꾸던 유토피아가 아니었다. 목이 타도 물 한 모금 마실 수 없는 사막이었다. 가파르고 험준한 산이었다. 폭풍우 몰아치는 바다였다. 나는 사막을 건너고, 산속을 헤매고, 때로는 파도에 휩쓸려 허우적대기도 하면서 4 · 19, 5 · 16의 격랑까지 헤쳐와 오늘에 이르렀다.

이제는 세상이 변해서 그 모두가 추억이 되었지만 한 가지 변하지 않은 것은 높이 오를수록 더 먼 곳이 보이더라는 사실이다. 연륜이 쌓이는 것도 산 높이 같은 것이라면 내 나이도 이제 8000m급쯤 된 셈이니 그만큼 시야가 넓어지고 사려도 깊어져야 하련만, 인생에서는 아직도 아둔한 시야에 갇혀 살고 있다.

이제 새해가 밝으면 연륜 한 켜가 또 쌓여 내가 아직 도달해보지 못한 높이에 올라서게 될 것이다. 거기서는 무엇 하나라도 신통한 것이 보였으면 좋겠다.

반쪽 찾기

휴대전화로 문자가 왔다. 조 양이다.

–할아버지, 우리 망년회 해요. 이번 토요일 어떠세요?

조 양은 몇 해 전 유럽 패키지여행 길에 알게 된 처녀다. 같이 온 김 양과 자매처럼 붙어다니며 상큼 · 발랄하게 분위기를 잡으면서, 나를 스스럼없이 할아버지라고 불렀다. 과년한 처녀들의 '할아버지' 호칭이 유쾌하지는 않았지만 구김 없는 붙임성에 이끌려 나도 해라로 대꾸하며 며칠 지내다 보니 남들 눈에 정말 친손녀로 보일 만큼 가까워졌다. 그렇게 사귄 인연을 3년째 이어오고 있는데 두 처녀가 다 30대라 가끔 만나면 결혼 이야기부터 나온다.

"말만 한 처녀들이 총각을 만나야지, 할아범이나 만나러 다니면 언제 시집가?"

"오라는 남자가 없어요. 어떡해요, 할아버지…."

"총각 녀석들이 다 청맹과니가 됐나?"

"그러게요. 그 때 크로아티아에서 우리 태우고 다니던 그 버스기사가 참 멋있어서 대시하려고 했더니 유부남이라네요?"

이렇게 능청을 부려 함께 웃기도 했다. 요즘, 신생아 출산율이 자꾸 떨어져서 노인공화국이 되어가고 있는데, 결혼이 쉽지 않아 아예 독신을 선언하는 처녀 총각들이 늘어가고 있어 걱정이다.

TV에 나오는 동물의 세계를 보면 내가 인간으로 태어난 것이 얼마나 큰 행운인지를 절감하게 된다. 동물들 중에는 일부일처제를 잘 지키며 평화롭게 살아가는 무리도 있지만, 힘 센 수컷이 무리의 암컷들을 독차지하는 종이 더 많다. 대개 수컷 하나가 10여 마리의 암컷을 거느리는 것은 보통이고 물개처럼 100여 마리를 독차지하는 종도 있다. 그런 중에도 부리가 닳도록 정성들여 신혼살림 차릴 집을 지어 치장해 놓고 암컷의 호감을 사서 짝짓기 승낙을 받아내는 조류가 있어 쓴웃음을 자아낸다. 만일 내가 그들 무리에 속했더라면 평생 외톨이 신세로 우두머리 수컷 아니면 도도한 암컷들의 눈치나 살피며 살았을 것이다.

인간 사회에도 그런 시절은 있었다. 옛날 임금들 대부분이 여러 명의 비 · 빈을 거느리고 기분 따라 '성은'을 배급하여 수십 명의 '용종'을 생산했다. 어느 나라엔가 100여 명의 자식을 둔 왕도 있다고 한다.

세상이 많이 변했다. 지구촌의 왕이라 해도 무방할 미국의 대통령 클린턴이 여직원 하나를 몰래 사랑했다가 호된 곤욕을 당했지만, 그걸 폭로한 당사자 르윈스키 양은 오히려 유명인사가 됐었다. 여세를 몰아 전 세계로 불길처럼 번지는 '미투' 운동으로 각계각층의 힘 센 '수컷'들이 전전긍긍하고 있다. 운수 좋게 예쁜 아내 하나 차지했다가 지체 높은 양반에게 빼앗기고도 하소연도 못하고 울분을 삼키던 옛날 백성들을 생각하면 나는 얼마나 큰 행운아인가!

플라톤에 의하면 인간은 본래 암수 양성이 한몸으로 붙어 네 손, 네 발이라 능력이 뛰어났는데, 능력만 믿고 모반을 획책하다가 제우스 신의 노여움을 사서 분리당했다고 한다. 인간이 끊임없이 이성을 갈구하는 것은 태초에 그렇게 분리당한 짝을 찾으려는 본능의 발로라고 한다.

우리가 속한 우주는 신비롭고 불가사의하다. 그 우주 속의 지극히 미미한 존재에 불과한 게 인간이지만 정작 그들은 인체를 스스로 작은 우주라고 한다. 이렇듯 우주에 버금갈 만큼 신비롭고 불가사의한 두 개체, 남녀가 만나 새로운 질서를 엮어내려는 것이 결혼이다. 그 사이에서 태어날 또 다른 '소우주'를 생각하면 결혼은 곧 우주건설단의 발대식쯤 되는 셈이다.

다행히도 두 개체가 태초에는 한몸이었다니 감정이나 신체 구조가

서로 결합하기 좋도록, 잘 결합하기만 하면 뛰어난 능력을 발휘할 수 있도록 설계되어 있을 것이다. 따라서 분리당한 것이 형벌이었다면 재결합은 축복임에 틀림없다.

토요일, 약속대로 조 양, 김 양이 나타났다. 여전히 밝고 명랑한 얼굴들이다. 맥주잔을 부딪쳐 목부터 축이고 나서 내가 먼저 입을 열었다.

"그래, 시집들은 언제 갈 거냐?"

"……."

두 처녀가 서로 바라보며 웃기만 했다.

"요즘 젊은이들, 사랑, 사랑하는데 사랑을 너무 맹신하지 마라."

"그럼 어떻게 해요 할아버지?"

"인간은 자기도 자신의 의지를 믿을 수 없을 만큼 잘 변하는 동물이야. 지금 아무리 깊이 사랑해도 그 사랑이 언제 어떻게 변할지 몰라. 너희 쪽에서 먼저 변할 수도 있어. 기대가 크면 실망도 그만큼 큰 법이라 사랑만 믿고 결혼해서 살다가 상대가 조금만 변해도 배신감을 이기지 못해 싸우거나 헤어지기 예사지. 하지만 너무 허황된 환상 갖지 않고 결혼해서, 날마다 새로 연애를 시작하는 마음으로 작은 일 하나부터 진심으로 배려하고 사랑한다면 무엇 때문에 싸우고 헤어지겠나?"

"그래서요?"

"내가 앞으로 그렇게 두고두고 사랑해 줄 사람을 찾아야지. 앞으로 나를 그렇게 두고두고 사랑해줄 사람을 만나야지. 결혼은 지금 사랑해서라기보다 앞으로 사랑하기 위해서 하는 거라고!"

둘 다 자세를 고쳐 앉아 정색을 하며 물었다.

"앞으로 사랑하기 위해서요?"

다음 만날 때는 남자친구를 데리고 올 테니 봐달라고도 했다.

나는 요즘 그녀들이 태초에 잃어버린 반쪽을 찾아 데리고 나타나기를 기다리고 있다.

모닥불

태초의 우주 공간은 중심도 없이 팽창하는 무한의 공간이었다. 그 공간에 태양과 같은 항성이 생겨나자 그것을 중심으로 중력장이 형성되면서 공간의 균질이 깨어지고 방향성도 생겨났다고 한다. 그 때부터 지구를 비롯한 행성들은 태양을 중심으로 돌기 시작했다. 그렇게 수십억 년이 지나는 동안 지구상에는 생명체까지 생겨서 인간과 같은 고등동물로 진화하기도 했다.

태양은 여덟 개의 행성과 그것들을 중심으로 모여 있는 위성, 소행성, 혜성, 유성들을 거느려 태양계를 이루고 있다. 행성은 정해진 타원형 궤도를 도는데, 태양에서 가까운 행성일수록 주기가 빨라서 수성은 약 88일, 지구는 365일, 해왕성은 164.79년이나 걸려야 태양 언저리를 한바퀴 돈다고 한다.

이 정도 규모의 태양계만도 내 상상력으로는 그 크기와 운행 질서를 가늠하기가 막막해서 우주에서 버려진 미아처럼 살아왔는데, 오늘 아침 TV에서는 5천500만 광년 밖에 있는 은하의 중심부에 있는 블랙홀의 윤곽을 관측하는 데 성공했다는 뉴스와 함께 신기한 불구덩이 사진을 보여주었다.

빛이 진공 상태에서 1년 동안 이동한 거리를 1광년이라고 한다. 그런데 사물은 빛에 의해 형상화되기에 그 영상이 빛보다 빠른 속도로 이동할 수는 없다. 그렇다면 우리가 지금 보고 있는 블랙홀의 영상도 현재가 아니라 5500만 년 전의 모습이라는 말이 되는데 그걸 어떻게 관찰해서 사진까지 찍었다는 것인지, 우주의 중심은 어디이며 끝은 어디일까를 상상하다가 불현듯 밀려드는 까닭 모를 외로움에 한참 동안 숙연한 상념에 사로잡혀 있었다.

불을 이용하기 이전의 원시인들은 낮에는 햇빛으로, 밤이면 달빛이나 별빛으로 사물을 보고 방위를 가늠하며 사냥으로 먹이를 구했다. 그렇게 빛에 의지해 살면서도 자연에서 발생한 불이 두려워 범접을 못하고 날것만 먹고 살다가 우연히 불에 익은 고기가 생고기보다 맛있다는 걸 알게 되었다. 그 후부터 사냥을 하면 모닥불을 피워 놓고 둘러앉아 구워 먹으면서 결속을 다지는 동안 부족사회로 발전했다고 한다.

군중 속의 고독이란 말이 있다. 인간은 원래 고독한 존재였다. 불을 무서워하던 인류의 조상들이 모여 사는 법을 몰라서 고독했다면 현대인들이 군중 속에 묻혀 살면서도 외로워하는 것은 아이러니가 아닐 수 없다. 어쨌든 우리의 유전자 속에는 모닥불에 대한 향수가 있다. 모닥불은 중심에 있으면서 평등한 공간을 만든다. 불은 너무 가까이 하면 뜨겁지만 멀리 하면 어둡고 춥다. 사람들은 모닥불 앞에 모이면 누가 시키지 않아도 같은 거리를 두고 둘러선다. 모닥불 가에서는 서열이 없다. 모든 공간이 같은 조건하에 있기 때문이다. 인원이 늘어나면 장작 몇 등걸 더 던져 넣어 불꽃의 지름을 조금 넓히면 된다.

모닥불을 통해서 인간은 비로소 구심점을 가지게 되었고 다른 동물과 차별화된 사회구조를 발전시켜 온 것이다. 모닥불이 만든 공간구조는 인간 사회를 구심점이 있는 강한 조직으로 만들었고, 그것이 인간을 지구의 지배자로 진화시킨 원동력이다.

농촌 출신이라면 누구나 모닥불에 얽힌 추억을 간직하고 있을 것이다. 나도 여름이면 참외 · 수박 훔쳐다가 강변 모래톱에 묻어두고 멱감으면서 하나씩 꺼내먹고, 가을이면 콩서리해다가 개천가 작별에 모닥불 피우고 둘러앉아 구워 먹었다. 까맣게 거스른 콩꼬투리를 정신없이 까먹다가 검둥이가 된 얼굴들을 마주보며 깔깔거렸다. 겨울이면 논둑에 모닥불 놓고, 손 발 녹이면서 썰매다가가 적신 옷도 말렸다. 학교에 가면 난로가 모닥불이었다. 장작불이 이글거리는 난롯가는 언제나 따뜻하고 정겨웠다. 초등학교 시절, 교실 난롯가에 쌓인 도시락에서는 온갖 반찬 냄새가 진동해서 허기를 부추기도 했다.

어제는 고등학교 친구 다섯이 삼겹살집에서 만났다. 드럼통에 철판을 얹고 철판 한가운데를 뚫어 앉힌 숯불 화롯가에 둘러앉아 삼겹살을 구워 소주 마시며 시간 가는 줄 모르고 떠들었다. 현대식 모닥불 파티였다.

생각해보니 우리가 그 집을 단골로 다니는 것도 우연이 아닌 것 같다. 네모난 식탁에는 위계질서 같은 것이 있어 자리를 잡을 때 주저하게 되지만 원탁에서는 그럴 필요가 없다. 한가운데 있는 화로(모닥불)를 중심으로 아무데나 앉으면 된다. 모닥불은 이처럼 무리의 구심점이면서도 진실로 자기를 불살라 헌신하기에 사람들이 스스럼없이 모여든다.

어느 집단에서나 무리의 우두머리는 모닥불 같아야 하는데 요즘 우리나라의 우두머리들은 그 본분을 모르는 것 같다. 민초들만 외롭고 춥다.

생긴 대로

퇴폐 이발소가 판을 치던 시절부터 일편단심, 20여 년을 단골 이발소만 다닌 적이 있었다. 젊은 부부가 이발과 면도를 분담하는 '모범' 이발소였다. 이발소 집 첫아이가 기저귀를 차고 뒤뚱뒤뚱 걸음마를 배울 무렵, 나는 40대 초반이었는데 이발, 면도가 끝나면 면도사는 머리카락을 뒤져가며 새치를 뽑아주는 것이 서비스였다.

그러구러 세월이 흘러 아이가 중학교에 갈 무렵이 되니 면도사는 새치 뽑기를 포기하고 머리가 고루 세서 보기가 좋다는 말로 서비스를 대신했다. 그렇게 또 몇 해가 지나, 아이가 고등학생이 되고 내 머리칼도 흑백의 비율이 역전될 지경에 이르자 면도사는 '립서비스'로만 때우기 민망했던지 염색을 하면 어떻겠느냐고 조심스레 물었다. 머리가 세면 염색하는 것을 당연시하는 것이 추세인데도 선뜻 대답이 나오지 않았다.

머리에 물감범벅을 하고 우두커니 앉아 뜸을 들이고 있는 사람들을 보아온 터라 그 번거로운 절차가 싫을 뿐더러, 염색을 하는 의중에 불순한 의도가 깔려 있는 것 같았기 때문이다. 속은 늙었으면서 겉으로 젊어 보이겠다는 것은 속임수에 틀림없고, 속임수란 의식, 무의식 간에 부도덕한 짓이니 떳떳한 일이라고 할 수 없다.

그렇다고 모든 사람들이 나이만 들면 다 염색을 하는 것은 아니다. 늙어도 머리가 세지 않아 염색할 필요가 없는 사람이 있고, 더러는 백발이 돼도 '생긴 대로' 그냥 버티는 사람도 있다. 나는 게으른 천성과는 달리 머리 세는 일에서는 남들보다 부지런했던지 일찌감치 백발이 되어 또래들 중에 가장 늙어 보이는 것이 억울하기는 했지만, 그래서라도 세태에 어깃장을 놓아 보기로 했다.

"생긴 대로 살지, 염색을 한다고 젊어지겠어요?"

면도사의 우정 어린 권유를 이렇게 뿌리치고 도덕군자 연하며 '생긴 대로' 살다보니 손해 보는 경우가 너무 많았다. 술자리에 배석한 젊은 여인이, 겉보다 속이 젊다고 자부하는 나를 거들떠보지도 않고, 나보다 서너 살이나 더 먹은, 속보다 겉이 젊은 선배에게 은근한 눈길을 보낸다든지, 좌석버스가 만원이 되기 직전까지 내 옆자리에는 노파 하나 얼씬하지 않을 때는 '생긴 대로'의 신념을 재검토할 필요가 있다는 생각이 들기도 했다.

그러자 신념을 접을 구실 하나가 생겼다. 고향에 가는 길에 마을 앞 정자에 모여 계신 어른들께 인사를 드렸더니,

"자네는 어째 자네 아버님보다 머리가 더 허연가?"

하는 답례가 돌아온 것이다. 엉겁결에 "죄송합니다." 하고 나서 생각해 보니 좀 억울하기는 하면서도 죄송스러운 것은 사실이었다.

다음날 단골 이발소로 달려가 염색을 청했더니 면도사 아줌마는 제 일처럼 반기며 물감 바르기에 정성을 쏟았다.

머리 감은 생쥐 꼴로 한참 뜸을 들이다가 머리를 감고 거울을 보니 나도 아니고 남도 아닌, 늙은이도 아니고 젊은이도 아닌, 검은 터럭을 뒤집어 쓴 별종 인간 하나가 부엉이 같은 눈을 껌벅거리고 있었다. 그렇지 않아도 염색 좀 하라고 성화이던 아내가 반색을 한 것까지는 좋았지만, 누구를 만날 때마다 가면을 쓴 것처럼 어색하고 겸연쩍어서 사람 만나기가 두려울 지경이었다.

그렇게 지낸 지 채 두 해도 가기 전에 아버지가 93세를 며칠 앞두고 세상을 떠나셨다. 더이상 죄송할 일도 없어 염색을 중단하자 물감 세례에 시달리던 터럭들이 한꺼번에 반란을 일으켜 원색으로의 환원을 시도했다. 물감이 누렇게 변해 병든 말갈기 같은 머리털을 이고 다니기 서너 달 만에야 의젓한 제 모습을 찾았다. 나도 아니고 남도 아니면서, 늙은이도 젊은이도 아니던 낯선 인간이 확실하게 늙은 나로 돌아

온 것이었다.

이렇듯 남보다 일찍 늙어 손해를 보는 것은 억울하지만 생긴 대로 살아 마음이 편한 것도 가짜로 젊어진 기분 못지않다고 스스로 달래며 지내던 어느 날이었다. 전화벨이 울리기에 수화기를 들고 “여보세요” 하자, 대뜸 “나루냐?” 하는 게 아닌가! 내 목소리가, 내 나이 40이 다 돼서야 얻은 아들아이 목소리로 들렸다면 이건 보통 경사가 아니다. 하지만 기분이 좋다고 그걸 당장 내색하면 체통이 손상을 입을 것 같았다. 그렇다고 목소리를 깔고 일부러 늙은 티를 내는 것은 굴러든 기회를 내치는 격이 될 터였다. 한껏 목소리를 가다듬어 아뢰었다.

“그 아이는 지금 나가고 없는데요.”

그러자 전화선 저쪽에서 다급한 목소리와 함께 화들짝 놀라는 모습이 눈에 보일 듯 전해왔다.

“아이고, 아버님이셨군요. 죄송합니다. 저 나루 엄마 친구 ㅇㅇ입니다. 목소리가 얼마나 젊으신지 제가 착각했네요.”

이 말을 듣는 순간 환호작약한 것은 상대가, 나도 잘 아는 분이었기 때문이다. 다른 사람들에게도 몇 번 비슷한 말을 들은 적이 있지만 대개가 우리 집 사정을 잘 모르는 분들의 전화여서 늙은이의 인사치레려니 했는데, 오늘 이 전화 한 통화로 그 모두가 거짓이 아니었다는 사실까지 확인하게 된 셈이니 이건 뜻밖의 부수입이 아닐 수 없었다.

그러나 전화를 끝내고 생각해 보니 목소리 젊은 것이 마냥 기뻐할 일만도 아니었다. 외모와 목소리가 딴판이라면 모습은 감추고 소리로만 행세를 해야 할 형편인데, 성우나 라디오 전문 아나운서가 되기 전에야 목소리 젊은 게 무슨 소용인가. 더구나 요즘은 오디오보다 비디오가 더 각광을 받는 세상이다.

검은 머리나 젊은 목소리나 늙은 외모에 걸맞지 않기로는 다를 게 없다. 그래도 젊어 보이려고 머리 염색하듯 성대수술을 하지 않았다는 것이 위안이다.

생긴 대로 살자.

외롭다

어느 여류 수필가에게 내가 주간을 맡고 있는 수필지에 실을 원고를 청탁했다가 거절당한 일이 있다.

> 원고청탁은 고맙습니다만 어느 지면이든 원고료 없이는 글을 드릴 수가 없습니다. 제 자존심이 허락하지 않습니다. 글은 준비되어 있습니다. 같은 작가로서 이해하시리라 믿습니다.

이런 회신이 왔다. (청탁서에 고료는 못 드린다는 말이 적혀 있었다.) 충격과 혼란에 빠져 불현듯 내 자신을 되돌아보며 며칠 고민 끝에 쓴 졸작 <잊히지 않으려고>의 일부를 소개한다.

(전략) 젊어서는 청탁을 받으면 내가 혜성인 줄 알고 나라는 존재를 더 빛내고 싶어 무료봉사조차 감지덕지했다면, 요즘은 그나마 쓰지 않으면 나를 아는 몇 안 되는 사람들 기억에서마저 사라질 것만 같아 날밤을 새우곤 한다.

이렇듯 내가 고료 안 주고 못 받는 것이 조금도 이상한 일이 아닌 우리나라 수필 풍토에 길들어 자존심 내려놓았다고 남의 자존심까지 헤아리지 못하고 원고를 청탁하고, 고료 한푼 안 주면서도 그걸 당연한 일로 여겼으니….

나는 오늘 내 전화기에 저장된 이름 하나를 또 지우면서 처연한 가슴을 달랬다. 20년 지기 한 분이 또 세상을 떠난 것이다. 그동안 이렇게 지운 이름이 몇이었던가. —머지않아 내 이름도 누군가의 전화기에서 이렇게 지워지겠지-

하지만, 어차피 인간은 그렇게 될 수밖에 없다. 세상을 어떻게 살았든, 죽음에 이르러서는 친구, 자식, 배우자를 망라한 그 누구도 대신해 줄 사람이 없어 홀로 스러져가는 것이 인생이다.

나는 지금 메마른 감성을, 마른행주를 짜듯 쥐어짜가며 이 글을 쓰고 있다. 당분간이나마 잊히지 않으려고. -초라하나마 존재를 인정받아 덜 외로워 보려고….

그렇다. 산악인들이, 올라가봐야 눈밖에 없는 에베레스트에 목숨을 걸고 오르는 일이나, 대부분의 문인들이 생업이 되지 않는 글쓰기에 생업 이상의 열정을 쏟으면서 희열을 느끼는 것도 다 그 때문이다.

인간은 광대무변의 대우주 속에 던져진, 한없이 나약하고 고독한 존재다. 그래서 끊임없이 자기의 존재를 인정받고 싶어 한다. 갓난아기의 첫 울음에서 비롯된 인간의 모든 행위 하나하나가 궁극적으로는 자신의 존재를 인정해달라는 신호인 셈이다.

문학은 문자언어를 통해 타인의 존재를 일깨워 줌으로써 나의 존재도 확인받는 소통수단이라는 것이 내 생각이다. 세상 모든 일이 다 그럴 것이다.

요즘 나라 사정은 내 편, 네 편 갈라서서 아귀다툼하기에 하루도 편한 날이 없다. 하지만 아무리 악을 쓰고 발버둥쳐도 미상불 인간은 한순간에 외톨이가 되어 언제 인간 무리에서 밀려날지 모르는 존재라는 걸 깨달아야 한다.

편을 가를수록 외로워진다. 다툴수록 더 외롭고 괴로워진다.

외롭다.

인간아, 인간아

수리부엉이 한 마리가 닭 우리에 들어가면 우리 안은 삽시간에 아수라장이 된다. 혼비백산해서 서로 살려고 날뛰다가 벽을 받고 죽는 놈, 짓밟혀 죽는 놈, 날개가 부러지는 놈, 다리를 다치는 놈…. 수리부엉이가 잡아먹은 건 한 마리뿐인데 수십 마리, 수백 마리가 저희끼리 참변을 일으킨다.

꿀벌에게도 천적이 있지만 닭들과는 다르다. 꿀벌의 천적은 말벌이다. 말벌은 몸집이 꿀벌의 대여섯 배나 커서 한번 물리면 즉사한다. 그런 꿀벌 집에 말벌 한 마리가 침입하면 벌통에 비상이 걸린다. 꿀벌들은 잘 훈련된 군대처럼 일사불란하게 대오를 짜서 말벌을 포위한다. 용감하게 덤비다가 물려죽거나 억센 날개에 맞아 기절하는 병사도 속출하지만 무리는 결사적으로 날개를 팔락인다. 열을 발산하는 날갯짓이다. 그들은 말벌이 열에 약하다는 것을 알고 있다. 마침내 말벌이 쓰러져 단말마의 경련을 일으키다가 숨을 거둔다.

중국이 기념관까지 지어 근대문학의 선구자로 추앙하는 루쉰魯迅은 본래 일본 센다이 의학전문학교에 재학 중인 의학도였다. 당시 학교에서는 세균학 강의에 영화를 상영했는데 시간이 남을 때에는 풍경이나 시사에 관한 것도 보여주었다. 마침 러일전쟁 때였기 때문에 시사에 관한 것이 많았는데, 어느 날 중국인 하나가 러시아 스파이 노릇을 했다는 죄목으로 일본군에 체포되어 참수당하는 장면이 나왔다. 그런데 현장을 에워싸고 있는 많은 중국 동포들은 모두가 당당한 체격을 가지고 있으면서도 무덤덤한 얼굴로 몇 안 되는 일본군의 만행을 구경만 하고 있는 것이다. 루쉰은 거기서 의학을 포기하고 문학인이 되기로 결심한다. 훗날 그는 그때의 심경을 이렇게 토로했다.

"그때 나는 '무지한 국민은 체격이 아무리 훌륭하고 건장해도 바보 같은 구경꾼밖에 되지 않는다.'고 생각했다. 우선 가장 필요한 것은 그들의 정신을 변화시키는 것이며 그렇게 하는 데에는 문예가 가장 적당한 수단이라고 판단했기 때문에 의과대학을 그만두고 도쿄로 돌아갔다."

과연 그는 <아Q 정전>, <광인 일기>를 비롯한 많은 소설과 평론을 발표하여, 중화인민공화국을 세운 혁명가 마오쩌둥으로부터

"위대한 사상가요, 혁명가요, 중국 문학의 아버지이다."
라는 찬사를 받았고, 사후에도 중국 공산당으로부터 국가적 영웅으로 칭송받고 있다. 그렇다고 중국인들의 의식이 루쉰의 의도대로 바뀐 것 같지는 않다.

"How can I be proud of China if we are a nation of 1.4bn cold heart."(14억 인구가 차가운 마음이라면 내가 어떻게 중국을 자랑스러워할 수 있을까?)

이건 영국 가디언 지의 '리지아 장'이라는 중국계 기자가 최근 중국에서 일어난 교통사고 기사에 붙인 제목이라고 한다.

어느 밴 차 운전자가 두 살배기 아기를 치고 달아났다, 아기는 아직 살아 있었지만 행인이 18명이이나 지나가도록 아무도 구해주지 않아서 결국 죽고 말았다. 도주한 운전자를 잡아 왜 도망쳤느냐고 물으니, 아이가 죽으면 영국 돈으로 2000파운드 정도의 벌금만 물면 되는데 살려서 치료하려면 훨씬 더 많은 돈이 들기 때문이라고 하는가 하면, 지나쳐 갔던 행인도 내 아이도 아닌데 왜 돕느냐고 하더라는 것이다.

중국에는 전통적으로 "자기 일이 아니면 참견하지 마라.(少管閑事shao guanxianshi)"는 잠언이 전해오고 있다는데, 역시 중국에서 최근에 일어난 더 기막힌 이야기도 있다.

미모의 여성 운전사가 버스를 몰고 산간을 지나고 있을 때 불량배 둘이 기사에게 수작을 걸어 시달리고 있었지만 승객들은 하나같이 못

본 체했다. 행패가 더 노골적으로 심해지자 한 중년 사내가 분을 참지 못해 나서서 말리다가 죽지 않을 정도로 얻어맞기만 했다.

버스를 세워둔 채 산속으로 끌려갔던 기사가 흐트러진 모습으로 돌아와 운전석에 앉더니 대뜸 도와준 남자를 향해 내리라고 했다. 남자는, 내가 도와주다가 이렇게 맞기까지 했는데 무슨 경우냐고 대들었지만 기사는 당신이 내리기 전에는 절대로 출발하지 않겠다며 막무가내로 버텼다. 기다리다 못한 승객들이 합세하여 남자를 강제로 끌어내리자 버스가 출발했다.

산간 길에 혼자 떨어진 상처투성이의 남자가 절뚝거리며 어느 산모롱이를 돌아가다 보니 낭떠러지 저 아래 버스가 나뒹굴어 있었다. 자세히 보니 자기가 쫓겨난 바로 그 44번 버스였다. 출동한 경찰이 조사한 결과 전원 사망이라고 했다. 사내는 그제야 기사가 그토록 완강하게 자기를 내려놓고 간 뜻을 알았다. 자기가 탄 버스의 운전사가 산으로 끌려가 강간을 당하도록 못 본 체한 승객 전원을 극형으로 처단하고 자살한 것이 분명했다.

인생의 진로를 문학으로 바꾼 루쉰의 의도는 닭처럼 사는 중국인들을 꿀벌로 개조하는 일이었을 것이다. 루쉰공원 무덤 속에 있는 루쉰이 이 소식을 들으면 무슨 생각을 할지….

세계 최강이라는 미국의 대통령 후보 트럼프와 바이든의 TV토론을 보다가 닭장 이야기가 떠올랐다. 요즘 우리나라 국회에서도 국정감사

한답시고 닭장 속처럼 시끄럽게 소란을 떨고 있다. 이런 현상이 이제는 세계적인 추세가 된 것 같아 명색이나마 문인을 자처하는 내 심정도 착잡하다.

인간아, 인간아!

밥맛

“한국 사람은 밥심으로 산다.”

먹고살기 어려운 시대를 살아온 나이 지긋한 사람들이 즐겨 쓰는 말이다. 밥보다 햄버거나 피자를 더 좋아하고, 밥이 없으면 라면을 먹으면 된다는 신세대들은 이해하기가 어려울 것이다.

우리나라가 일본 통치하에 있던 1940년대에는 하루 세끼 밥을 먹고 사는 집이면 부자였다. 애써 농사를 지어도 공출 바치고 나면 겨울 양식도 모자랐다. 해방되기 직전에는 기름을 짜고 남은, 맷돌 짝처럼 생긴 콩 찌꺼기를 식량 배급이란 명목으로 나눠줬다. 가운데가 꺼멓게 썩어 논밭에 거름으로나 써야 할 폐기물이지만, 식량이 떨어진 보릿고개에는 그나마 곡식이라고 쑥이나 무릇, 송기(소나무 속껍질) 같은 초근목피와 버무려 먹고 설사를 해가면서 목숨을 부지했다.

이 시대를 산 사람들은 "똥구멍이 찢어지게 가난하다."는 입에 담기 거북한 비유법도 스스럼없이 쓴다. 역시, 젊은 세대들은 가난하면 왜 항문이 찢어지는지를 이해하지 못할 것이다. 나는 그 말의 내력을 내 글방 선생님을 보고 알았다.

선생님 댁도 몹시 가난했다. 선생님 내외분과 90세가 넘으신 어머니, 아들 내외에 네 손자녀까지 4대 아홉 식구가 그야말로 굶기를 밥 먹듯 했다. 점심시간이 되면 선생님은 벽장에서 조그만 단지를 꺼내 누르스름한 가루를 한 숟가락 떠서 입에 털어넣고 냉수 마시기를 두세 번 했다. 처음에는 무슨 약을 드시나 했는데 알고 보니 그게 점심식사라는 것이었다. 선생님의 둘째 손자이자 글방 선배인 형에게 저게 무슨 가루냐고 물으니 솔잎, 송화, 둥글래, 콩가루 등 여러 가지 약초들을 섞어 만든 선식이라고 했다. 다른 식구들이 안방에 모여 죽이라도 먹는 저녁 식사 때도 선생님은 그걸 드시는데 변비가 심해서 할머니가 꼬챙이로 대변을 파내다가 항문이 찢어진 일도 있다고 했다. 변비는 뭐든 먹어서나 걸린다지만, 아무것도 먹지를 못해 얼굴이 퉁퉁 붓는, 부황浮黃이라는 병이 들어 죽는 사람도 있었다.

1945년 8월, 2차 대전이 끝나면서 나라를 되찾았지만 형편은 크게 달라지지 않았다. 나아진 게 있다면 미국이 보내주는 분유, 설탕, 강냉이, 밀가루 등의 구호품이 조금씩 배급되어 부황으로 죽는 사람이 줄

어든 정도였다.

뒤미처 6 · 25 전쟁이 일어나자 먹고살기는 더 어려워졌다. 나중에 들으니 북한 사람들은 남한을 거지 소굴이라고 했다는데 그게 거짓말이 아니었다. 내가 무작정 상경한 1951년의 서울이 그랬다. 깡통을 든 걸인들이 수두룩했다. 폐허가 된 서울 곳곳에서 외국 종교단체들이 구호활동을 벌이고 있었는데 나도 청량리 밖 안식교회 마당에 줄을 서서 강냉이 죽을 얻어먹은 기억이 지금도 생생하다.

동대문과 을지로 6가 사이에 있던 오간수 다리 근처에서는 꿀꿀이죽이라는 걸 팔았다. 미군부대 식당에서 나오는 음식찌꺼기로 끓인 죽인데 햄, 소시지, 빵조각, 케첩, 과일 조각 등 유엔군 병사들이 먹다 버린 온갖 음식찌꺼기가 다 섞여 희한한 맛을 냈다. 운수가 좋으면 고기 덩어리가 걸리는 수도 있지만, 잘못 만나면 담배 필터가 나오기도 했다. 그나마 돈이 있어야 먹을 수 있는 영양식이었다.

1953년 7월에 휴전이 됐지만 나라 형편은 더 나빠졌다. 물자는 귀한데다가 전쟁 중에 돈을 마구 찍어내는 바람에 지폐가 휴지에 가까웠다. 인플레가 너무 심해 고무신 한 켤레를 사도 돈을 한참 세어야 할 정도였다. 피난지에서 돌아온 시민들은 먹고 살길이 막막했다. 일을 하고 싶어도 일자리가 없었다. 사업을 하는 사람들은 종업원들에게 먹이고 용돈 정도만 주거나 보수 없이 밥만 먹여주고 밤중까지 일을 시켜도 일할 사람이 넘쳤다. 여염집 가정부도 마찬가지였다. 그러면서도 우리가 북한보다 못산다는 건 몰랐다.

박정희 군사정부가 들어선지 10년쯤 지난 1970년대에 들어서서야 국민소득이 북한을 따라잡았고, 그로부터 불과 반세기 만에 국민소득 3만 불 시대에 이른 것이다. 같은 시대에 비슷한 독재 통치를 받으면서도 우리보다 훨씬 잘살아 우리가 그다지도 부러워하던 필리핀을 비롯한 여러 나라 젊은이들이 일자리를 찾아 우리나라로 몰려들고 있다. 남한을 거지소굴이라고 멸시하던 북한 주민들도 브로커에게 돈을 주어가면서까지 속속 탈출해오고 있다. 필리핀 독재자, 북한 독재자가 나라를 망치는 동안 대한민국 독재자는 나라를 그만큼 일으켜 세운 것이다.

이렇듯 외국 젊은이들은 밀입국을 해서라도 일자리를 찾아오고 있는데 정작 우리나라 청년들은 일자리가 없다고 아우성이다. 취업을 못했거나 안 한 청년들 중에는 '헬조선', '탈조선'을 외치며 '부루 반도'(지옥 불처럼 활활 타는 반도)란 보드게임을 하는 젊은이들도 있다는데, TV에서 소개하는 모범 사례들 중에는 귀천 가리지 않고 도전해서 가업으로 대를 잇는 젊은이도 적지 않아 대견하다. 부자父子 엿장수, 부자 대장장이, 부자 어부, 처녀 농군, 총각 채소장수, 두부 만드는 비법을 전수하는 모자母子, 장 담그기 비법으로 큰돈을 버는 시어머니와 며느리도 있었다.

나라나 개인이나 아무리 불만이 많아도 먹고사는 문제만은 제 힘으로 해결하고 나서야 떳떳하게 권리도 주장할 수 있다. 부황이 들어 죽어가는 사람에게는 그 어떤 이념보다도 밥 한 술이 더 절실한 법이다. 굶기를 밥 먹듯 하며 한강의 기적을 이룩한 부모, 조부모 세대 덕에 밥 굶지 않고 살면서 그들을 '수구꼴통'으로 매도하는 건 패륜이다. 잘못은 비판하면서 반면교사로 삼되, 그들이 이룩한 업적과 노고만은 인정해야 한다. 대한민국 여권으로 비자 없이 갈 수 있는 나라가 162개국으로 세계 1위라고 한다. 항문이 찢어지게 가난하던 나라를 이만큼 만들어 놨는데 지옥이라니….

어느 원로 탤런트가 TV 화면에 나타나,

"너희들이 게 맛을 알아?"

하더니 요즘은 그 말이 유행어가 됐다. 나도 한마디해야겠다.

"너희들이 밥맛을 알아?"

1달러짜리 하느님

미국 서부의 어느 작은 도시에, 일찍 부모를 잃은 한 소년이 삼촌과 단둘이 살고 있었다. 어느 날 건축공사장에서 일하던 삼촌이 사고를 당해 인사불성이 되어 병원으로 실려 갔다. 돌봐줄 사람을 잃은 소년이 의사에게 애원했다.

"의사 선생님, 우리 삼촌 좀 살려 주세요."

하지만 워낙 중상이라 의사도 자신이 없었다.

"하나님이라면 모를까…. 어쩌면 좋으냐?"

아직 하나님을 모르는 소년은 하나님이 무슨 약인 줄 알고 아끼던 돈 1달러를 들고 약국으로 가게로 하나님을 찾아 다녔다. 하지만 그런 걸 파는 곳은 한 곳도 없었다. 낙심하고 돌아오다가 가게 하나를 더 찾아 들어갔다. 소년이 들어서자 머리가 하얀 할아버지가 무얼 사러 왔느냐고 물었다.

"하나님이요."

노인이 흠칫 놀라며 물었다.

"하나님? 하나님을 뭣에 쓰려고?"

소년은 떠듬떠듬 자초지종을 설명했다. 다 듣고 난 할아버지는 눈시울을 붉히며 다시 물었다.

"그래, 돈은 얼마나 가지고 왔는데?"

소년은 손에 든 지폐를 흔들어 보이며 자신 있게 말했다.

"1달러요!"

"오, 그러면 됐다, 하나님이 1달러거든."

할아버지는 음료수 한 병을 꺼내주면서 말했다.

"이걸 마시면 삼촌이 곧 일어날 거다"

음료수 병에는 '하느님의 키스'라고 씌어 있었다.

다음 날 기적이 일어났다. 대도시에 있는 최고 권위의 의료진이 전용기를 타고 와서 삼촌을 진료하기 시작한 것이다. 며칠 후, 가망이 없어 보이던 삼촌은 신기하게 일어났지만 걱정이 앞섰다. 입원비가 엄청날 것이 뻔했기 때문이다.

계산대에 가 보니 입원비도 이미 지불돼 있었다. 어느 노인이 와서 다 지불했다는 것이다. 권위 있는 의료진을 불러온 것도 그 노인이라고 했다. 기적을 일으킨 하나님은 소년에게 1달러짜리 음료를 판 바로 그 할아버지였던 것이다.

재수 없는 여자

2001년 5월 9일자 J일보에 여섯 식구의 가족사진이 실린 박스 기사가 눈길을 끌었다. 사진의 앞줄 왼쪽에는 백발이 눈부신 할머니가 치아가 없는 노인 특유의 흐뭇한 미소를 머금은 채 앉아 있고, 그 오른쪽에는 초로의 부인이 할머니 손을 잡고 반쯤 웃는 얼굴로 포즈를 취하고 있다. 다시 그 오른쪽에는 개구쟁이 티가 가시지 않은 소년이 노할머니 다리를 주무르며 "나 기특하죠?" 하는 표정이고, 뒷줄에는 이 기사의 주인공인 신세대 주부가 환한 얼굴로 노할머니의 어깨를 주무르면서 바로 옆에 서서 건강하게 웃고 있는 남편에게 기대듯이 어깨를 맞대고 있고, 또 그 옆에는 이 집의 막내아들이 형보다 의젓하게 서 있는 사진이었다.

얼핏 평화롭고 단란하게 보이는 가족사진, 그러나 그 이면에는 사진 이상으로 흐뭇하면서도 눈물겹도록 아름다운 사연이 담겨 있었다.

서울 서초구 내곡동 어느 다세대 주택의 방 셋짜리 반지하에 사는, 올해 서른세 살의 주부 이현영 씨는 구십 세의 시할머니와 치매를 앓고 있는 예순네 살의 시어머니를 모시고, 열 살과 여덟 살짜리 두 아들을 기르고 있다.

올해 마흔 살의 남편 조 씨는 어느 인쇄소의 평범한 회사원이었는데, 회사를 그만두고 자기 사업을 시작한 것이 구제금융 사태가 벌어진 때와 맞물려 실패하는 바람에 위기를 맞았다. 다행이도 남편이 어느 정부기관에 청원 경찰로 취직이 되기는 했지만, 여섯 식구 살림에 월 40만 원씩이나 되는 시어머니의 약값을 빼고 나면 턱없이 모자라는 수입이었다. 수시로 가출하는 시어머니 찾아 모셔오기, 일주일에 한 번 병원에 모셔 가기, 남편과 두 아이 거두기, 시할머니 수발들기…, 이런 와중에도 틈만 나면 동네 식당에 나가 허드렛일까지 해 온 지가 3년째이지만 불평은커녕 늘 웃으며 산다는 것이다.

본래 미담은 스캔들보다 전파력이 약하기 마련이어서 묻혀 버리고 마는 경우도 허다하지만, 이현영 씨의 경우는 워낙 시대 역행적으로 효성이 남달랐던 만큼 고을 원님(서초구청장)의 귀에까지 전달이 됐던 모양이다. 구청이 주최하는 어버이날 행사에 '효부상'을 받은 것이다.

요즘 청소년들은 '범생이'를 '재수 없어' 한다. 예절바르고 어른 말

잘 듣고 공부 잘하는 아이를 보면 '재수'가 없다는 것이다. 설마 그렇기야 할까마는 혹시 이현영 씨 같은 '범생이'가 그렇지 못한 며느리들을 '재수 없게' 만들지나 않았을까?

부산에 사는 Q 여사가 청상이 됐을 때 남은 것이라고는 갓난 아들 하나뿐이었다. 그래도 아들 사랑이 곧 남편 사랑이라고 믿고 굳세게 살았다. 온갖 궂은일 다해가며 쏟은 정성이 헛되지 않아, 아들은 서울의 명문 대학을 마치고 좋은 직장도 얻었다.

마침내 어느 부잣집 고명딸과 결혼까지 하고 나니 Q 여사로서는 고난의 반생이 오히려 행복으로만 여겨졌다. 한 가지 마음에 걸리는 것이 있다면 아들이 아파트를 장만하는 데 처갓집 덕을 본 것이었지만, 그것도 다 아들이 잘났기 때문이라고 생각했다.

처음 찾아간 아들네 아파트는 과연 신혼부부에게는 과분할 만큼 훌륭했다. 그날 밤, 행복에 겨워 잠을 이루지 못하고 뒤척이고 있을 때 아들 내외의 다투는 소리가 들렸다. 잔뜩 주눅이 든 아들의 말소리는 잘 알아들을 수가 없고, 며느리의 비수 같은 목소리만 폐부를 찔러 왔다.

"설마 같이 살자고 온 건 아니겠지?"

"……."

"내일 보낼 거지?"

경부선 천릿길을 울며 돌아온 Q 여사는 아들을, 아니 인생을 송두리

째 도둑맞은 것만 같아 넋을 잃을 지경이었다. 세월이 약이려니 하고 지내던 어느 날, 그래도 아들 생각이 나서 목소리라도 들으려고 전화를 걸었다가 번호가 바뀐 것을 알았다. 불길한 예감에 부랴부랴 밤차를 타고 올라가 보니 자기 몰래 이사를 한 뒤였다. 물어물어 이사한 집을 찾기는 했으나 며느리의 냉대는 더 노골적이었다. 참고 사는 일이야 이미 반평생이나 단련해 온 터, 그러나 공부 잘하고 착하기만 하던 아들마저 며느리의 꼭두각시가 됐다는 사실을 어떻게 받아들여야 할지가 난감했다.

효부상을 받은 이현영 씨는 기자들에게 이렇게 말했다. "어른들 모시고 사는 건 당연한 일인데, 그게 그리 칭찬받을 일인가요? 어른들이 아이들을 귀여워해 주셔서 오히려 제가 더 고마운 걸요…."

이 디지털 시대의 수도 서울 한복판에 이런 '범생이' 며느리가 나타났다는 것은 Q 여사의 며느리 입장에서 볼 때 보통 '재수 없는 일'이 아닐 것이다.

가난한 과부의 아들로 서울의 명문 대학을 나와 일찌감치 번듯한 가정을 꾸몄다면, 그도 한때는 많은 친구들을 '재수 없게'한 '범생이'였을 것이다. Q 여사를 속상하게 하는 것은 바로 이 점일지도 모른다.

어쨌든 아내가 재수가 없다는데 남편이라고 재수가 좋을 리 없고, 아들 내외가 다 재수가 없다는 판에 그 어머니의 재수인들 어찌 좋을 수가 있겠는가. 효부상을 받은 이현영 씨는 이래저래 여러 사람들을

'재수 없게' 만든 셈이다. 그러나 그녀의 시할머니는 이렇게 말했다.

"세상에 우리 손주며느리만큼 예쁘고 착한 건 없지."

한마디로 '재수'가 썩 좋다는 말씀이다. 아닌 게 아니라 발바닥에 간지럼이라도 태운 듯 활짝 웃고 있는 '손주며느리'의 모습이 더없이 예쁘고 건강해 보였다.

"배우자는 내가 얼마나 잔인할 수 있는지를 비춰주는 거울이다."

이런 말을 어디에서 읽은 적이 있다. 나는 이현영 씨와 그의 가족들의 밝은 모습을 보면서 그 말을 이렇게 바꾸고 싶었다.

"배우자와 가족은 내가 그를 얼마나 사랑하고 있는지를 비춰 주는 거울이다."

눈물 찾기

글이 풀리지 않을 때 떠오르는 말이 있다.

"시인은 토끼 같은 존재다."

1970년대 초, 소설 <25시>의 작가 게오르규가 한국에 왔을 때 이화여대 강당에서 열린 강연회에서 던진 화두다.

그는 2차 대전 때 해군 장교로, 잠수함 안에서 사육하는 토끼를 관찰하는 것이 임무였다고 한다. 토끼는 공기 중의 산소 농도에 민감해서 그들의 행태를 보고 선실 안에 산소 공급을 받아야 할지 여부를 판단했다면서, 시인도 토끼처럼 남 먼저 생태 변화의 낌새를 감지해내야 한다는 것이다.

나는 육군 포병으로 군복무를 마쳤는데, 그걸 아는 친구들은 으레 몇 밀리 포였느냐고 묻는다. 포가 없는 관측부대였다고 하면 의아해한다. 내가 근무한 관측대대는 포병이면서도 포가 없었다. 포를 직접 쏘는 것이 아니라 쏘는 데 필요한 사격 제원을 산출해서 포 사격을 지원하는 것이 임무이기 때문이다.

장거리포는 사격 제원에 작은 오차만 있어도 포탄이 엉뚱한 지점으로 날아가, 심하면 아군 진영을 타격하는 수도 있다. 이런 걸 오발탄이라고 한다. 따라서 포사격을 하려면 적진과의 거리와 방향, 현장의 고도, 별 기상 상황을 정확하게 계산해내야 한다. 탄도가 기상의 영향을 받기 때문이다.

풍향, 풍속, 습도 등 기상 상황은 고무풍선에 발신기를 달아 띄워놓고 레이더로 추적하면 수치가 그래프에 찍혀 나오지만, 정확한 거리를 계측해내는 것은 여간 어려운 일이 아니다. 특히 야간에는 더 어렵다. 그래서 기상을 파악하는 일은 기상 반 단독으로 하지만, 방향과 거리 계산은 측량술을 이용하는 측지 반, 소리를 듣고 계측해내는 음향 반, 불빛을 보고 탐지해내는 섬광 반 등 3개 반이 분담한다.

마침 내가 군에 입대한 1959년에는 이범선의 단편소설 <오발탄>이 발표되고, 뒤이어 영화로도 제작돼 화제가 됐었다.

계리사 사무실의 서기로, 양심과 성실을 좌우명으로 삼고 살아가는 주인공 송철호를 가장으로, 북쪽 고향을 그리워하다가 실성하여 밤낮 없이 "가자!, 가자!"를 외치는 늙은 어머니, 만삭의 아내와 고무신 사달라고 졸라대는 어린 딸, 군에서 제대하고 일자리를 구하지 못해 양심과 현실 사이에서 방황하다가 강도가 된 남동생, 생활고를 견디다 못해 양공주가 된 누이동생까지 여섯 식구 일가가 엮어내는 비극이다.

송철호는 어느 날 동생 영호가 현금수송차 강도범으로 체포되어, 후견인 신분으로 경찰서에 불려갔다가 돌아와 보니 아내가 급히 출산하러 갔다고 한다. 병원으로 달려갔지만 아내는 이미 죽어 있다. 그는 이상하게도 이제 서두를 필요가 없다는 한가한 마음이 되어 허청허청 걷다 보니 회사 앞이다. 다시 고개를 들어보니 이번에는 경찰서 앞이다. 그렇게 이곳저곳 기웃거리다가 치과의원 간판을 보는 순간 갑자기 치통이 도져서 병원으로 들어가 어금니 하나를 뽑는다. 한 개를 마저 뽑아달라고 하지만 의사는 출혈이 심해 위험하다며 들어주지 않는다. 또 하나의 치과 간판을 보고 들어간다. 역시 안 된다는 의사에게 사정해서 마저 뽑아낸 자리에서 선지피가 솟는다.

솜뭉치를 물고 병원을 나와 택시를 타고 "해방촌!" 하고 외친다. 조금 가다가,

"아니, 병원으로."

"예?"

"아니야, 경찰서로."

차가 경찰서 앞에 멈춘다.

"다 왔습니다."

철호는 몸을 일으키려다가 의식이 몽롱하여 쓰러지면서 외친다.

"가자!"

"어디로 갑니까?"

"글쎄, 가!"

기사가 투덜거린다.

"어쩌다 오발탄 같은 손님이 걸렸어!"

이렇듯 방향감각을 잃고 방황하는 가족 이야기 속에 인간은 조물주의 오발탄이라는 자조적 메시지가 담긴 소설이다.

나는 요즘 글을 쓰려고 컴퓨터를 켜면 막막해진다. 수필은 사람 사는 이야기여야 한다는 것이 내 생각인데, 요즘 세태가 송철호 일가보다 더 뒤엉킨 실타래 같아서 내 국량으로는 풀어낼 실마리를 찾을 수가 없다. 방향 잃은 오발탄들이 난무하는 것 같아 언제 어디서 무슨 일이 벌어질지 종잡을 수가 없다. 지금 내 위치가 어디쯤인지조차 가늠이 되지 않는다. 좌표를 잦지 못한 관측병 꼴이다. 그렇다고 이것저것 다 잊고 음풍농월이나 하자니 세태가 너무나도 엄혹하다.

우리는 피를 흘린 혁명도 경험했고 땀 흘려 경제도 부흥해 봤어요. 딱 하나 아직 경험해보지 못한 것이 눈물, 즉 박애(Fraternity)예요. 나를 위해서가 아니라 타인을 위해서 흘리는 눈물. 인간의 따뜻한 체온이 담긴 눈물. 인류는 이미 피의 논리 땀의 논리를 가지고 생존해갈 수 없는 시대를 맞이했어요, 대한민국만 해도 적폐청산으로, 전염병으로, 남북문제로 나라가 엉망이 됐지만 독재를 이기는 건 주먹이 아니라 보자기였듯이 우리에겐 어느 때보다도 뜨거운 눈물 한 방울이 절실합니다.

문학평론가 이어령 선생이 최근 어느 일간지 기자와의 병상 인터뷰에서 한 말이다. 이분이야말로 시대정신을 읽어내는 이 시대의 토끼다.

잠수함 속의 숨쉬는 토끼처럼, 관측대대의 좌표 찾는 관측병처럼 '뜨거운 눈물 한 방울'의 소재를 탐지해내는 것이 이 시대 문필가들의 소임이 아닐까 한다.

피카소로 살고 싶다

세상에는 공평치 못한 일이 너무 많다. 한 인간이 세상에 태어나는 일부터가 그렇다. 누구는 아프리카 오지에 사는 빈민의 집안에 태어나고, 다른 누구는 선진국의 부유한 집안에 태어나 전혀 다른 일생을 보낸다. 한 나라 안에서도 어느 지역, 어느 부모의 자식으로 태어나느냐에 따라 일생이 좌우된다. 이런 걸 운명이라고 한다면 그 운명은 누가 결정하는 것일까?

태어나는 과정만 불공정한 것도 아니다. 태어난 후에도, 말도 안 되는 불공정을 당하면서도 누구를 원망조차 할 수 없는 경우가 수없이 많다. 자신이 한 일의 가치가 공정치 못한 평가를 받는 경우도 그런 것들 중의 하나다. 이런 현상은 물질적 가치보다 정신적 가치일 경우에 더 심하다. 최근 세계 미술시장에서 평가되는 미술품의 가치는 수시로 변하지만 고흐의 작품이 피카소의 작품보다 높은 값에 거래되는 경우도 흔하다고 한다. 그게 뭐 이상한 일이냐고 할지 모르지만, 예전에는 상상도 할 수 없는 일이었다.

반 고흐는 1853년, 네덜란드에서 개신교 목사의 6남매 중 맏아들로 태어나 유복하게 자랐다.

20대에 복음전도사가 되려고 단기연수를 받던 중 정통교리의 접근방식에 이의를 제기하여 교회 당국과 잇따라 충돌을 일으키면서도 3개월 연수는 마쳤지만 복음전도사 임명을 받지 못하자, 벨기에 남서부 탄광 지역에 가서 가난한 주민들을 위한 선교 사업을 한다. 가난한 사람들과 어울려 생활하던 그는 모든 재산을 가난한 그들에게 다 나누어줬다. 하지만 오히려 그리스도의 가르침을 지나치게 문리 해석했다는 이유로 선교활동마저 정지당했다.

다시 그림에 몰두하여 죽을 때까지 그린 800여 점의 유화와 700여 점의 데생 가운데, 그가 살아 있는 동안 팔린 작품은 데생 단 한 점뿐이었다고 한다. 이렇게 가난했지만 그는 그림을 통하여 사람들에게 무언가를 전달해야 한다는 신념과, 그런 형을 무조건 믿었던 동생 테오의 도움으로 간신히 생계를 유지하다가 서른일곱 살에 자살하고 만다. 그가 자살했을 때까지도 반 고흐라는 이름은 세상에 전혀 알려지지 않고 있었다. 20세기에 접어들어서야 주로 다른 화가들에 의해 명성을 얻기 시작했다. 이후로 그에 대한 평가는 끝없이 높아지고 있다.

이와는 대조적인 화가가 파블로 피카소다. 피카소는 1881년 스페인에서 태어나, 어려서부터 화가이자 미술 교사였던 아버지에게 그림을 배웠다. 그는 하나의 스타일에 안주하지 않고 평생 동안 새로운 스타일에 도전했다. 따라서 회화뿐만 아니라 조각, 도자기, 판화 작품으로도 걸작이란 평가를 받는다.

당시 스페인의 집권 세력이었던 공화파와 프란시스코 프랑코가 이끄는 파시스트 진영 사이에 내전이 발생했다. 프랑코를 지원하던 독일 나치는 바스크의 수도였던 게르니카에 폭격을 퍼부었고 그로 인해 많은 민간인이 희생됐다. 피카소는 이 사건에 크게 분노했다. 1937년에 공화파 정권으로부터 파리만국박람회 스페인관에 전시할 그림을 의뢰받은 상태였던 피카소는 나치의 만행을 알리고 희생자들의 넋을 기리기 위한 대작 <게르니카>를 발표했다. 죽은 아이들과 불길에 휩싸인 주택, 부서진 동물의 머리를 흑백 톤으로 그린 이 그림은 스페인에 공화정부가 들어서기 전까지 스페인으로 보내지 말라는 피카소의 요청에 따라 미국과 뉴욕을 떠돌다가 1981년에야 스페인으로 반환되었다. 한국전쟁 당시에는 전쟁의 참상을 그린 <한국의 학살>, <전쟁과 평화> 등을 발표하여 세계의 주목을 받기도 했다. 1973년, 마지막 연인이자 두 번째 부인인 자크린 곁에서 아흔두 살을 일기로 세상을 떠날 때까지 80여 년간 오만여 점의 작품을 제작했는데, 그 많은 작품들이 생전에나 사후에나 엄청난 값에 팔리고 있다. 가난에 시달리다가 스스로 목숨을 끊은 반 고흐와 대조되는 대목이다. 그 이유는 무엇일까? 둘 다 부유한 집안에 태어났지만 종교 성향이 강한 고흐는 고난의 길을 걸은 반면, 정치 성향이 강한 피카소는 잘 풀렸다는 점에서 해석의 실마리를 찾아야 할 것 같다.

어쨌든 이런 불공평까지 해소할 방법은 아직 없다. 따라서 당하는 사람도 누구를 탓하거나 원망하지 않는다. 그런 불공정은 미술계뿐만 아니라 다른 분야에서도 벌어지고 있어 많은 선각자들에게 시련을 주었지만 결국은 인류 문화 발전에 기여한다는 것을 알기 때문일 것이다.

이와는 달리 세상에는 시정하고 개선할 수 있는데도, 마땅히 시정, 개선되어야 하는데도 묵인되거나 오히려 더 심하게 자행되는 불평등, 불공정, 불의가 너무 많았다. 일제 치하에서 벗어나 독립한 대한민국이 민주공화국을 표방하고 출범한 것도 그 때문이다. 하지만 건국 1세기가 가까워오도록 그런 적폐는 해소되지 않았다.

“기회는 평등할 것입니다. 과정은 공정할 것입니다. 결과는 정의로울 것입니다.”

‘인권변호사’ 전력을 자랑하는 문재인 대통령이 이런 연설을 했을 때는 많은 국민들이 큰 기대를 걸고 열광했다. 과연 그는 기대에 부응하려는 듯 전 정권의 두 대통령을 비롯한 많은 인사들을 거침없이 적폐분자로 단죄해서 기대를 부풀렸다. 하지만 집권 말기에 접어든 지금까지도 적폐가 청산되기는커녕 날이 갈수록 새로운 적폐가 더 쌓여가고만 있어 실망이 크다.

고호처럼 죽은 후에나 평등, 공정해지는 것은 민주국가가 추구하는 정의가 아니다.

지금은 고흐의 그림 값이 피카소를 능가한다지만, 어차피 민주주의 혜택을 누리지 못할 바에야 다소 불공정해 보일망정 '고흐'가 아니라 '피카소'로 살고 싶다.

3부

삼식이가 사는 법

내가 좋다 | 세종대왕 | 삼식이가 사는 법 | 모범 투기꾼 | 용서 | 단장 | 민주주의 | 인생 | 형제 | 인연 | 천적 | 내가 생각하는 수필

내가 좋다

불교 게송偈頌에 이런 말이 있다.

욕지전생사欲知前生事 전생의 일을 알고 싶거든

금생수자시야今生受者是也 지금 받고 있는 일이 그것이요,

욕지내생사欲知來生事 돌아오는 생의 일을 알고 싶거든

금생작자시야今生作者是也 지금 하고 있는 일이 그것이니라.

어느 날 딸아이는 내가 전생에 나라를 구했나 보다고 했다. 친구분들 중에 아직도 아버지처럼 그렇게 손주 재롱 보며 사시는 분이 계시냐는 것이다. 마침 내가 손자손녀와 식탁에 둘러앉아 라면파티를 벌이고 있던 중이라 말뜻을 알 만했다.

실제로, 팔불출 소리 들을 각오하고 친구들 앞에서 손주 자랑을 하

면 가소롭다는 듯이 면박을 주다가도, 하나같이 손주새끼들이 내 새끼보다 더 귀엽고 애틋했는데 이제는 다 커서 제멋대로라 코빼기 한 번 보기도 어렵다며 아쉬워한다. 나도 손주 재미에 빠지기 전까지는 친구들이 자랑을 하면 속으로는 은근히 부러우면서도 애써 덤덤한 척했는데 이제 보니 그럴 필요가 없었다.

일흔한 살에 본 손자는 초등학교 5학년, 하나 낳고 단산하겠다는 아들 며느리를, 갖은 감언이설로 꼬드겨서 4년 터울로 하나 더 낳은 손녀도 올봄에 1학년이 됐다. 이놈들은 어쩌다 우리 집에 오면 내가 끓여주는 라면을 먹고, 내 양손을 하나씩 잡고 마트에 가는 게 가장 큰 즐거움이다. 제 엄마는 라면이 몸에 안 좋다며 일주일에 한 번만 먹게 하고, 마트에 가서는 꼭 사고 싶은데 못 사게 하는 게 많지만, 내 앞에만 오면 그런 제약이 풀리기 때문이다. 시아비랍시고 며느리가 제 자식 위해 정한 규율을 깨는 건 월권이요, 비교육적이기도 하다는 걸 모르는 바 아니다. 하지만 어떻게든 놈들의 환심을 사 두어야 제 어미 아비를 졸라서 더 자주 올 것 같은데 환심 사기에 이보다 더 좋은 방법이 없으니…. 그나마 자주 있는 일은 아니어서 며느리도 눈감아주는 게 여간 고맙지 않다.

손자의 라면 사랑은 눈물겨울 지경이다. 녀석이 동네 태권도 대회에 나간 일이 있다. 목표는 어린이부 3등에게 걸린 라면 한 상자였는데 실수(?)로 2등을 하는 바람에 쌀 한 포대 받은 걸 아직도 아쉬워하고 있다. 며칠 전 추석날 아침에도 그 많은 음식 다 외면하고 라면을 끓여 달라고 졸라서 간신히 달랬지만, 점심에는 기어코 개과 동물 이름이 붙은 라면을 끓여 줬다. 할아버지가 끓인 라면이 이 세상에서 제일 맛있다며 아예 내 아호를 붙여 '소산라면 식당'을 차리라고 권할 정도다. 이렇듯, 아이들 덕에 나는 라면 요리의 대가가 됐다. 대가라고 무슨 특별한 비법이 있는 것도 아니다. 아이들이 싫어하는 파 대신 익으면 단 맛이 나는 양파를 넣어 끓이는 것뿐인데 일약 '세계 제일'의 요리사가 된 것이다. 하기는 내 아들딸이 어렸을 때에도 아이들이 좋아하는 떡볶이에 고추장 대신 토마토케첩을 넣어 아이들 입맛을 사로잡고는, '케첩 떡볶이의 창시자'를 자처했던 걸 생각하면 그리 놀랄 일도 아니다.

그 케첩 떡볶이를 먹고 자라 어느새 중년이 된 딸이 내가 손주들과 라면파티 하는 걸 보고 '전생'을 들먹인 것이다. 전생 이야기를 하다 보니 화제가 '다시 태어날 수 있다면 무엇이 되고 싶으냐.'로까지 번졌다. 모두들 궁리하는 사이에 1학년짜리 손녀가 냉큼 나섰다.

"나는 그냥 나로 태어날 거야! 나는 내가 좋아!"

'나'가 좋아서 다시 태어나도 그냥 나로 태어나겠다고? 이야말로 토종 한국인 나훈아가 나이를 2400여 살이나 더 먹은 그리스인 소크라테스를 '형'으로 불러서 화제가 된 노래 '테스형'의 레토릭이 무색할 우리말 게송(偈頌)이 아닌가!

딸의 말대로 나는 전생에 무슨 공덕을 쌓았을 게 분명하다. 그렇지 않고서야 이런 호사를 누릴 리가 없다. 수학에 재능이 있는 손자놈은 장차 뉴욕의 월가에 진출해서 돈을 많이 벌어 우주여행을 시켜줄 테니 오래 살라고 하고, 손녀도 이렇게나 야무진데, 이런 손주들이 나를 세계 제일의 라면요리사로 인정해주기까지 하니 전생은 의심할 여지가 없다.

불현듯 나도 지금의 나로 환생하고 싶다는 생각이 든다. 내가 만약 개나 여우나 욕먹는 정치가로 태어나서 손가락질이라도 받으면 내 손주들이 그렇게 좋아하는 '소산라면'은 누가 끓여주며, '나'로 다시 태어나고 싶은 그 자긍심은 누가 지켜주나?

게송에도 다음 생을 알고 싶거든 지금 하는 짓을 보라고 했으니 이제부터라도 착하게 살아서 꼭 지금의 나로 다시 태어나리라. 그래, 나도 내가 좋다!

세종대왕

EBS 교육방송에 나이 지긋한 할머니들에게 한글을 가르치는 프로가 있다. 막내아들, 막내딸 같은 선생님들이 시키는 대로 고분고분 따라 한글을 배우는 모습을 보다가 불현듯 옛일들이 떠올라 눈시울을 붉혔다.

나는 초등학교에 입학하기 전에 할아버지로부터 천자문과 언문諺文(한글)을 배웠다. 천자문은 책으로 배우고, 언문은 할아버지가 문창호지에 붓으로 써주신 ㄱ ㄴ ㄷ ㄹ…, 가 갸 거 겨…, 흐 히 하(ㅎ자 밑에 점을 찍은 아래아)로 배웠다.

글자를 다 외우고 나서 받침 자를 배울 때는 할머니의 도움이 컸다. 할머니는 신기하게도,

"가짜 걱험 각허구, 나짜 넌험 난허구 다짜 던험 닫허구 라짜 럳험 랄허구…(가 자에 ㄱ을 하면 각이 되고, 나 자에 ㄴ을 하면 난이 되고, 다 자에 ㄷ을 하면 닫 되고, 라 자에 ㄹ 하면 랄 되고….")

이렇게 자작 가사에 자작곡을 붙여 노랫가락처럼 부르셨는데 그걸 따라하다 보니 받침 글자 쓰고 읽는 법을 저절로 터득하게 된 것이다.

여덟 살이 된 1945년 봄에 국민학교(요즘의 초등학교)에 입학했다. 아직 일제치하에 있던 때라 학교에서는 당연히 한글이 아니라 가나를 가르쳤다. 일제의 조선어 말살 정책이 극에 달했던 때라 일본어를 국어라고 가르치면서, 4학년 이상의 선배들은 교내에서 '조센고'(조선어)를 쓰다가 들키면 청소를 하는 등 벌을 받아야 했다.

그렇게 학교생활에 익숙해지면서 한 학기가 끝날 무렵 8 · 15 광복을 맞았다. 어른들은 해방이 됐다며, 어디서 났는지 태극기를 들고 나와 만세를 불렀다.

내가 4학년이 된 1948년에 정부가 수립되고 이웃집 형들은 군대에 갔다. 아들을 군대에 보낸 어머니들 대부분이 문맹이라 아들에게서 편지가 오면 내게 읽어달라고 했다. 어느 날 철이 어머니는 내가 읽는 아들의 편지 사연을 다 듣고는 치맛자락으로 눈물을 닦으며 답장까지 써달라고 했다. 나는 그 때까지 한 번도 편지를 써본 일이 없어 난감했지만 눈물까지 글썽이면서 하는 부탁을 거절할 수가 없었다. 다음 날, 한껏 감정을 잡아 쓴 답장을 드렸더니 읽어보라고 했다. 다 듣고 난

아주머니는, 어쩌면 내 마음을 그렇게 잘 알고 내가 하고 싶은 말을 다 썼느냐며 눈시울을 붉혔다.

오늘도 텔레비전에서는 할머니들이 자식 같은 선생님들과 어울려 한글 공부를 하고 있다. 그렇게 익힌 한글로 시를 써서 시집을 낸 할머니를 소개한 적도 있다.

이렇게 배우기 쉬운 한글도 일제치하는 물론, 광복 후 먹고살기 어렵던 시절에는 배울 기회가 없어 아들의 편지조차 못 읽는 부모도 많았다. 그렇게 살아온 할머니들이 뒤늦게 우리글을 익혀 시집까지 냈다니 새삼 한글을 편찬하신 세종대왕이 우러러 보인다. 이렇듯 한글은 현존하는 28종의 문자들 중 가장 과학적이고 익히기 쉬운 문자라고 한다.

세종대왕은 훈민정음訓民正音(한글) 창제뿐만 아니라, 정치, 경제, 사회 문화를 망라한 전 분야에서 찬란한 업적을 남겼다. 자격루自擊漏, 해시계, 물시계, 측우기의 발명 등 천문 기상 분야의 과학화, 천자화포天字火砲, 지자화포地字火砲 등 국방용 무기 개발, 향약집성방鄕藥集成方, 의방유취醫方類聚 등 의학 서적 발간, 계미자癸未字 경자자庚子字, 병진자丙辰字 등 금속활자 주조, 두만강, 압록강 유역의 여진을 몰아내고 육진六鎭 사군四郡을 설치하는 등의 국토 확장, 정간악보井間樂譜, 조회아악朝會雅樂, 제례아악祭禮雅樂등 국악을 정비하고 도량형度量衡 제도를 개혁하는 등 이루 다 열거할 수가 없을 정도로 방대한 업적을 남겼다. 단군 이래

수많은 임금 중에서 유독 세종대왕의 동상을 수도 서울 한복판에 세운 이유도 여기에 있을 것이다.

요즘은 코로나가 창궐하는 중에 장관 후보자 청문회가 겹쳐 온 나라가 어수선하다. 발탁되는 후보자마다 부적격 사유가 한두 가지가 아니라 국회 청문 과정을 통과하지 못하는 경우가 허다하지만 그렇다고 지명이 철회되거나 자진 사퇴하는 경우는 거의 없었다. 대통령이 그렇게 반대를 무릅쓰고 임명한 현직 장 · 차관들의 부도덕한 행위까지 불거져 민심이 들끓는 판에, 문재인 대통령을 세종대왕에 비유하고 나서는 사람이 있었다. 세종대왕이 집현전 학자들을 비롯한 여러 분야의 인재들을 고루 등용하여 적재적소에 배치함으로써 큰 업적을 쌓고, 특히 노비의 아들 장영실을 종삼품 벼슬에까지 올려가며 과학의 초석을 다진 전례가 떠올라 낯이 뜨거웠다. <용비어천가龍飛御天歌> 대신 문비어천가文飛御天歌를 부르는 꼴이니 이러다가는 곧 세종대왕 동상은 철거하고 문 대통령 동상을 세우자는 사람도 나오지 않을까 걱정이다.

하도 듣기 민망하여 나라도 대신 대왕님 유택幽宅 앞에 가서 용서를 빌어야 할 것 같은 심정이다.

삼식이가 사는 법

"남편이,
하루 한끼도 해내라고 하지 않는다, 영식님.
하루 한끼만 해 달라고 한다. 한식 씨.
하루 두끼나 해 달라고 한다, 두식이.
하루 세끼 다 해 달라고 한다. 삼식이 ㅇ끼!
하루 세끼에 간식까지 달라고 한다, 종간나 ㅇ끼"

벌써 오래 전부터 이런 괴담(?)이 떠돌고 있다. 실직자나 퇴직자 아내들이 지어 냈을 듯한데, 밥하기가 얼마나 지겨우면 이렇게까지 한이 매쳤을까 싶어 심기가 자못 불편하다. 하지만 나는 백수가 된 뒤에도 하루 세끼를 집에서만 해결하는 날이 드물었고, 어쩌다 나갈 일이 없는 날이라도 아내가 나보다 더 바빠 나도는 터라 눈치는 안 보고 살았다.

코로나19가 창궐하자 풍속이 변하고 내 처지도 달라졌다. 방역 당국의 거리 두기 시책에 따라 '삼식이 전성시대'가 됐다. 전례 없이 아내가 차려주는 세끼 밥을 꼬박꼬박 받아먹으며 지내자니 아내에게 미안하고 '삼식이 ㅇ끼'로 전락한 내 처지가 처량했다.

무릇 모든 생명체들은 환경에 적응하도록 점지되었다. 80여 년 생존 경험에 비추어보건대 어려운 일은 뒤집어 생각하면 해결책이 나온다. 내가 '삼식이'가 되기 전에 스스로 식부食夫가 됨으로써 아내를 '삼순이'(삼식이의 여성 대명사)로 만들어 서열을 뒤집기로 했다.

그러고 보니 그것이 각자의 체질에 맞는 일이기도 하다. 나는 일찍 자고 일찍 일어나는 체질인 반면, 아내는 늦게 자고 늦게 일어난다. 나는 아내가 꿈속을 헤매고 있을 꼭두새벽에 일어나서 교육방송의 영어 회화 프로그램을 본다. 아내는 젊어서도 못 한 영어를 써먹을 데도 없는 이제 와서 배워 뭐하느냐고 하지만, 돌아서면 까먹을망정 치매 예방 삼아 굳은 혀를 억지로 굴린다. 그렇게 시간을 보내다가 아내가 일어날 시간쯤 되면 일찍 일어난 새가 벌레 잡으러 가듯 주방으로 가서 냄비에 달걀 두 개를 삶으면서 그 물에 토마토도 튀겨 껍질을 벗기고, 바나나, 호두, 양파식초, 올리브유와 함께 갈아 주스를 만든다. 여기에 커피 한 잔을 곁들이면 오래 전부터 실천해오고 있는 아침 건강식이 된다.

믹서 돌아가는 소리에 잠이 깬 아내와 소파에 앉아 아침 식사를 하는데 아내는 그것들을 먹어주는 걸로 선심이라도 쓴다는 표정이다.

“오삼순 씨가 영감 하나는 잘 뒀지…. 당신 다 봤으면서도 그렇게 본척만척하는 척하다가 맛이 없는 척하면서 맛있게 먹으면 이 식부食夫가 그 속을 모를 줄 알구?”

내가 이렇게 ‘삼순이’ 낙인을 찍으며 생색을 내면 ‘삼순 씨’도 좀 멋쩍은지 딴전을 부리며 얼버무리곤 한다.

이런 날이 길어지다 보니 마땅히 할 일도 없어 아내와 리모컨 다툼이나 벌이는 사이에 점심때가 된다. 나는 슬그머니 주방으로 가서 점심 준비를 한다. 요즘은 점심, 저녁 식사에 반주 한잔하는 게 큰 즐거움인데 술을 한 잔도 못하는 아내가 상을 차리면 안주에는 신경을 쓰지 않는다. 젊어서는 술맛을 위해 안주를 먹었다면 요즘은 안주 맛을 위해 술을 곁들인다. 술과 안주의 위상도 바뀐 셈인데 그 안주를 내 입맛대로 골라 만들 수 있으니 식부의 부엌일이 어찌 즐겁지 아니하랴!

호사다마라더니 내가 이렇게 반주 맛에 빠지는 동안 아내는 트롯 가수와 짝사랑에 빠졌다. TV채널을 이리저리 바꾸다가 아무데도 안 나오면 유튜브로라도 만나려니 나 같은 식부 따위는 안중에 없다. 그러고 보니 요즘 대한민국이 트롯공화국이 된 것 같다. 방송국마다 밤낮 없이 트롯열풍이 분다. 미스터 트롯들이 무리 지어 나오는 무슨 콜센터인가 하는 프로에서는 전화 신청을 받는데, 어떤 할머니는 딸, 며느리, 손녀 삼대가 합세해서 삼만 번 이상 전화기를 두드린 끝에 통화가 됐다며 기절이이라도 하지 않을까 걱정스러울 만큼 기뻐했다.

가수들 중의 한 사람은 무슨 책도 냈다고 한다. 교장 선생님 출신이자 그 가수의 팬클럽 회원인 아내의 친구가 여러 권을 샀다며 한 권 보내왔는데 아내는 지금 그 책 읽기 삼매경에 빠져 있다. 검은 머리 파뿌리 되도록 같이 살아온 조강지처를 두고 이렇게 강력한 연적戀敵이 나타날 줄은 몰랐다. 어느 가사 전문 변호사의 블로그에는 아내가 미스터 트롯에 빠져 물질적 · 정신적 피해가 큰데 이혼 사유가 되느냐는 문의도 올라 있었다. 그래도 여전히 '콜센터'에는 여성 팬들의 러브콜이 빗발치는 걸로 미루어 연적과 고전 중인 사내가 나뿐만이 아니겠구나 싶어 그나마 위안으로 삼는다.

트롯 광들이야 그러거나 말거나 나는 반주 한잔씩 하는 맛에 견디는데 나이가 들면서 식사량은 삼분지 일, 주량은 오분지 일로 줄었다. 몸도 스스로 주제파악을 하는 게 신통하다. 그래도 날마다 두 번씩이나 즐기는 반주를 끼니마다 옥반가효玉盤佳肴로 할 수는 없어 오늘 점심에는 느타리버섯 호박 된장찌개에, 한 마리에 250원짜리 미니 굴비 몇 마리 튀겨놓고 막걸리 한잔했다. 저녁 안주로는 발통 네 개에 8천

원 주고 사온 미니족발이나 두어 개 삶아 놓고 작년에 담근 매실주를 한 잔 기울일까 한다.

역병이 창궐하여 안팎으로 뒤숭숭한 시절에 삼식이 살림살이 이만하니 무엇을 더 바라랴

모범 투기꾼

국회에서 고위 공직 후보자 청문회가 열리면 후보자들이 거의 예외 없이 추궁당하는 항목이 부동산 투기다. 대통령은 고위 공직자 결격 사유 중의 하나로 '다주택 소유'를 공약으로 내세웠으면서 왜 그런 사람을 임명하는지 알 수 없다. 기용하고 싶은 사람 중에는 1주택으로 만족할 만큼 청렴한 사람이 없어서였을 것이다. 대다수의 후보자들이 야당의 동의를 얻지 못해 국회 채택 과정을 통과하지 못한 채 임명된다. 임명될 때는 여분의 주택을 팔겠다고 했지만 일단 곤경을 모면하고 나서는 미적거리다가 '직職'보다 '집'을 택하고 물러나는 장관, 청와대 참모도 있어 빈축을 사기도 했다.

우리나라에 투기열풍이 불기 시작한 것은, 뽕나무밭, 호박밭, 띠밭 아니면 백사장이던 강남에 신도시가 들어서기 시작한 1970년대부터였다. 옛날에는 삼남지방 사람들이 우마차를 몰고 한양으로 오다가 소나 말에게 먹이를 주던 말죽거리며, 조선 시대 재상 한명회가 정자를 지어 갈매기들과 노닐었다는 압구정 일대에 대로가 뚫리고 고층 건물이 들어서기 시작하자 전국의 투기꾼들이 다 몰려들었다. 농사조차 포기할 정도로 버려졌던 황무지까지 금싸라기로 변해서 땅값이 열 배, 백 배, 수천 배까지 뛰었으니 그럴 만도 했다. 그 무렵, 강남 '빨간 바지 아줌마'로 투기계에 명성이 자자하던 이 모 여사는, 군인이던 남편이 정변을 일으켜 대통령 자리를 꿰찬 덕에 청와대 안주인이 되어 입초시에 오르기도 했다.

그 여파가 50여 년이 지난 지금도 가시지 않아 국토부 장관이 불과 3년여 동안 스물 몇 번이나 특단의 대책을 내놓고도 서울 집값을 잡지 못하고 물러났다. 값어치가 강남 아파트의 월세 보증금으로도 모자랄 시골 아파트 하나 지닌 것도 요행으로 알고 사는 나 같은 사람들은 꿈도 꿔보지 못한 투기열풍이 아직도 식지 않은 것이다.

하지만 투기가 다 나쁘기만 한 것은 아니다.

미국 제17대 대통령 앤드류 존슨은 입지전적인 인물이다. 노스캐롤라이나의 한 가난한 집 아들로 태어나 세 살에 아버지를 여의는 바람에 학교는 문턱도 못 넘어보고 자랐다. 열 살부터 양복점 심부름꾼으로 일하다가 열여덟 살에 양복점을 차리고 구두수선공의 딸과 결혼해서 아내에게 글을 배웠다. 읽을 수가 있게 되자 수많은 책을 독파하면서 독학으로 변호사가 됐다. 그 후 정계에 입문하여 시의원이 되고, 이어 링컨 대통령 밑에서 테네시 주지사, 상원의원을 거쳐 대통령을 보좌하는 부통령이 되었다. 링컨 대통령의 그 유명한 게티스 버그 연설문의 초안도 그가 작성한 것으로 알려져 있다.

그는 1864년 링컨 대통령이 암살되자 대통령직을 승계하고, 이듬해 4월 대통령 선거에서 제17대 대통령으로 당선됐다. 그가 대통령 선거전을 치를 때 상대 진영에서는 그의 초등학교도 못 나온 학력과, 양복점 직공으로 일한 경력을 들어 조롱했지만 그는,

"여러분, 저는 지금까지 예수님께서 초등학교를 다니셨다는 말을 들어 본 적이 없습니다. 예수님은 목수의 아들로 태어나서 초등학교도 못 나오셨지만 전 세계를 구원하셨고 지금도 이끌고 계십니다. 이 나라를 이끄는 힘은 학력이 아니라 긍정적 의지요, 미국 국민의 적극적 지지입니다."

이렇게 대다수가 기독교 신자인 미국 유권자들의 마음을 움직여 대통령이 된 그는 1867년, 옛 소련의 형편이 어렵다는 걸 알고 국무장관 시워드(William Seward)로 하여금 소련의 영토 알래스카(Alaska)를 단돈 720만 달러에 사들이게 했다. 당시 국회에서는 아무짝에도 쓸모없는 얼어붙은 불모지를 왜 사들이느냐고 온갖 비난을 퍼부으며 반대했지만 그는,

"저 땅은 무한한 잠재적 가치가 숨어 있는 보고이니 다음 세대를 위해서라도 반드시 사들여야 합니다."
라며 뜻을 굽히지 않았다. 이것도 투기로 본다면 아마도 그의 처음이자 마지막 투기였을 것이다.

알래스카는 남북이 1,450km, 동서가 1,300km나 된다. 알류샨 열도와 남동쪽의 팬핸들 지역을 포함하면 동서길이는 4,800km, 총면적 171만 8000평방 Km로 한반도의 일곱 배 반에 달하는 거대한 땅이다. 1880~90년대에 금맥이 발견되자 미국인의 정착이 크게 늘었고, 그 후 석유와 천연 가스까지 발굴되어 경제적 가치가 커졌을 뿐 아니라 러시아 세력을 견제하는 군사적 요충으로도 큰 구실을 하고 있다. 1912년 의회의 인준을 받아 알래스카 준 주가 되었다가 1959년 미국의 49번째 주로 승격되었다. 현재 70여 만의 인구가 풍요롭게 살고 있는 이 거대한 땅을, 요즘 환율로 환산하면 강남의 고급 아파트 한 채 정도의 값을 주고 사들인 하워드 존슨이야말로 원조 투기꾼이다. 진심으로 국가의 공익을 위해 투자한, 우리나라 고위층의 좀스러운 투기꾼들이 본받아야 할 통 큰 모범 투기꾼이 아닐까 한다.

용서

경기도 모처에 사는 조 모 씨는 한 때 흉악한 성범죄를 저질러서 온 국민의 공분을 샀다. 결국 교도소에 갔던 그가 십여 년의 형기를 마치고 출소하면서 또 한 번 세상을 떠들썩하게 했다. 조 씨 집 인근에 사는 피해자 가족이, 그가 돌아오면 무서워서 어떻게 사느냐고 하소연 했기 때문이다.

"형이 너무 가벼웠다.", "가해자를 이주시켜야 한다.", "피해자가 이사하도록 비용을 지원해야 한다." 등.

분분한 논란 끝에 결국 피해자가 이사를 하는 것으로 사태가 봉합됐다. 이렇듯, 범죄자들은 중벌을 받아도 시민이 안심할 정도의 정상인으로 교화되지 않는 경우가 많다.

어린이 복지운동의 선구자이자 아동문학가인 소파 방정환 선생 집에 강도가 든 일이 있었다. 어느 날 밤, 아무래도 좀 어설퍼 보이는 젊은 강도가 들이닥쳐 칼을 들이대며 외쳤다.

"돈 내놔!"

하지만 방정환은 강도도 무색하리만큼 침착했다.

"여보시오, 돈이 필요하면 그냥 달라고 하지 칼은 왜 들이대시오."

뜻밖의 대응에 오히려 강도가 더 당황했다.

지갑과 장롱 서랍을 다 털어 주며 말했다.

"살기가 어려워서 이런 짓 하는 모양인데, 내가 가진 돈 다 털어 주는 것이니 다시는 이런 짓 하지 말고 정직하게 사시오."

강도가 허겁지겁 돈을 받아들고 돌아서자 방정환이 한마디 보탰다.

"이보시오, 돈을 받았으면 고맙다는 인사는 하고 가야 할 것 아니오!"

도둑은 훈계 받는 학생처럼 풀죽은 소리로,

"고맙습니다."

하고는 달아나 버렸다. 그런데 잠시 후에 난처한 일이 벌어졌다. 경찰관이 방금 나간 강도에게 수갑을 채워서 끌고 찾아온 것이다. 순찰을 돌다가 방정환의 집에서 나오는 청년이 수상해서 검문해보니 많은 돈을 가지고 있어 추궁 끝에 강도 자백을 받았다는 것이다.

방정환은 짐짓 손사래를 처 보이며,

"아닙니다. 그 돈은 그 친구 사정이 딱해서 내가 준 겁니다."

하고는 다시 강도를 향해 꾸짖었다.

"아, 당신 고맙다고 인사까지 하고 갔으면서 왜 안한 짓을 했다고 했소?"

결국 경찰관도 어쩔 수 없어 강도를 풀어주고 돌아갔다. 강도는 방정환 앞에 무릎 꿇고 통곡했다.

자비심과 용서야말로 가장 엄한 처벌이 아닌가 한다.

단장

1950년대에 발표되어 아직도 많은 사람들이 애창하고 있는 <단장의 미아리 고개>는 반야월 작사에 이재호 작곡으로 이해연이 노래를 불렀다.

미아리 눈물 고개/ 임이 넘던 이별 고개/ 화약 연기 앞을 가려/
눈 못 뜨고 헤매일 때/ 당신은/ 철사 줄로 두 손 꽁꽁 묶인 채로/
뒤돌아보고 또 돌아보고/ 맨발로 절며절며/ 끌려가신 이 고개여 /
한 많은 미아리 고개.

미아리고개는 한국 전쟁 당시 서울에서 북쪽으로 통하는 유일한 외곽도로였기 때문에 인민군이 후퇴할 때 납치당해간 남한 인사들이 마지막으로 가족과 생이별한 곳이다. 작사가 반야월도 자신의 어린 딸을 전쟁 중 피난길에서 잃은 개인적 아픔이 있어 이런 가사를 썼다고 한다.

'단장斷腸'은 창자를 끊는다는 한자어로, 참을 수 없는 별리別離의 고통을 표현할 때 관용적으로 쓰는 말로, 이 말이 생겨난 데는 유명한 고사가 있다.

옛날, 중국 진晉나라의 장수 환온桓溫이 촉蜀나라를 정벌하려 군사를 이끌고 삼협三峽을 지나다가 한 부하가 원숭이 새끼 한 마리를 잡아 배에 실었다. 새끼가 붙잡힌 것을 본 어미 원숭이가 달려왔지만 물에는 뛰어들지 못하고 강가에서 슬피 울부짖었다. 배가 출발하자 어미 원숭이는 강가를 따라 백여 리나 되는 길을 필사적으로 따라와 배가 강기슭에 닿기가 무섭게 뛰어오르더니 기진맥진해서 새끼 앞에 쓰러져 죽고 말았다. 이상하게 여긴 군사들이 어미 원숭이의 배를 갈라보니 창자가 끊어져 있었다. 이 사실을 안 환온이 크게 노해서,

"이놈들, 네놈들도 낳아주신 어머니가 있을 텐데 어찌 이리도 잔인할 수가 있단 말이냐?"

하며 원숭이 새끼를 잡은 부하를 매질하여 쫓아냈다고 한다.

지난해 여름, 우리나라에서는 새끼를 구한 떠돌이 개가 화제를 모았

다. 경기도 이천시의 한 마을에서 폭우로 주택 창고 등 여러 채가 붕괴되어 마을 복구 작업을 하던 주민들이 창고 붕괴 현장에서 미친 듯이 땅을 파며 울부짖는 어미 개를 발견했다. 다가가 보니 땅속에서 강아지 소리가 났다. 흙더미와 돌무더기를 파헤쳐 어린 강아지 두 마리를 구해내서 어미와 함께 데려다가 먹이와 잠자리를 마련해 주었다. 그래도 어미 개는 여전히 안절부절못하고 울어대더니 이튿날 기어이 목줄을 끊고 다시 현장에 가서 땅을 파며 울부짖었다. 주민들이 다시 파보니 강아지 두 마리가 더 있었다. 그제야 어미개도 조용해졌다. 구조된 네 마리의 강아지들은 어미와 함께 동물보호소로 옮겨져 입양 희망자를 찾을 계획이라는 소식이었다.

유기견이 아기를 구한 미담도 있다.

먹을 것을 찾아 이곳저곳 다니며 쓰레기통을 뒤지던 떠돌이 개가 어느 구석에서 강보에 싸여 울고 있는 아기를 발견했다. 개는 모성애가 발동했는지 아기를 입에 물고 가장 가까운 집으로 달려가 대문 앞에 내려놓고는 문짝을 긁으며 컹컹 짖었다. 주인이 나가보니 아기가 있어 그길로 병원으로 데리고 가서 아기의 건강은 확인했는데, 그새 개는 사라지고 없었다. 집주인은 아기 부모와 떠돌이 개를 찾고 있는 중이라고 한다. 인간에게 버림받은 개의 모성애가 인간의 생명을 구해서 인간을 부끄럽게 했다.

요즘은 더 부끄러운 뉴스가 매일 터지고 있다. 어린이집 보육교사들이 서너 살짜리 아기들을 때리고 꼬집고 흘린 밥을 강제로 먹이고 내 동댕이치기도기도 해서 부모 가슴에 대못을 박았다. 용변도 못 가리는 제 아이를 빈집에 버려두고 이사를 가서 혼자 죽게 한 어미 아비, 아이에게 개똥을 먹이고, 때리고 물고문을 하는 이모, 아이를 가방 속에 넣어 잠그고 방치해 죽인 어미, 아이를 밟아 장 파열을 일으켜 죽인 어미…. 같은 인간으로서 차마 입에 담기조차 낯뜨거운 일이 끊일 날이 없다.

개는 버려진 인간의 아기를 구했다는데 인간은 제 새끼도 버리고 가서 혼자 죽게 했단다. 원숭이는 제 새끼 빼앗긴 게 애가 타서 창자가 끊어져 죽었다는데 인간은 제 새끼의 창자를 터뜨려 죽였단다.

개 보기가 부끄럽다. 원숭이 보기가 부끄럽다.

민주주의

올해 초등학교 2학년이 된 손녀가 반장 선거에 출사표를 던졌다. 전언에 의하면 6학년이 된 제 오라비가 전교 회장이 된데 자극을 받았다고 한다. 그런데 문제가 생겼다. 적극 지지해 줄 것으로 믿었던 친구들은 물론, 반원 24명 중 19명이 출마하는 바람에 믿을 곳이 없어졌다는 것이다.

나는 1940년대 말에 출마도 안 하고 반장에 당선된 일이 있었다. 일제 치하에서 벗어난 직후라 민주주의적 선출 방식은 선생님들조차 서툴던 때였다. 어느 날 선생님이 민주주의 방식으로 반장 선거를 한다며 뽑고 싶은 친구의 이름을 적어내라고 했다. 혼란기라 같은 반이라도 네 살이나 더 먹은 친구도 있었다. 따라서 반장감의 윤곽은 대개

나이 많은 몇몇으로 정해져 있다는 것이 다수의 생각이었다. 그런데 하늘도 놀랄 이변이 벌어졌다. 적령에 입학한 내가 당선된 것이다. 아이들도 놀라고 나도 놀라고 선생님도 놀랐다. 나이로 보나 몸집으로 보나 가당찮은 내가 어떻게 반장이 됐는지 알 수 없었다.

20여 년이 지난 어느 날 동창회장에서 그 비밀이 풀렸다. 여자친구 N이 내 옆으로 오더니,

"너 4학년 때 반장 된 거 누구 덕인지 몰랐지?"

했다. 아직까지도 그게 미스테리라고 했더니,

"이런 바보!"

하며 어깨를 쳤다. 자기가 여자아이들을 꼬드겨서 몰표를 던졌다는 것이다. 나도 한마디했다.

"진작 말하지 바보야!"

내 손녀도, 저희 반에 출마하지 않은 친구 다섯이 다 남자 아이이고 그중의 한 아이가 내 손녀에게로 몰표를 유도하면 제2의 기적도 일어나련만….

어쨌든 민주주의가 이렇게 좋은 건데 탐욕스러운 어른들이 다 망치고 있어 걱정이다.

인생

수욕정이풍부지樹欲靜而風不止

나무는 고요하고 싶으나 바람이 그치지 않고,

자욕양이친부대子欲養而親不待

자식은 봉양하고 싶어도 어버이가 기다려주지 않는다.

《한시외전韓詩外傳》에 있는 말이다. 부모는 자식을 위해서라면 목숨이라도 걸고 지켜내지만, 자식들은 시집·장가가서 아들딸 낳아 길러봐야 비로소 그 어려움과 고마움을 안다. 뒤늦게 깨닫고 은혜를 갚으려 해도 부모님은 이미 세상을 떠났기가 십상이다. 나 역시 그런 자식들 중의 하나로 회한을 안고 살고 있다. <불효자는 웁니다>란 유행가가 두고두고 만인의 심금을 울리는 것도 그 때문일 것이다.

그런데 최근에 이와는 반대되는 사연이 있어 가슴이 아팠다.

'나는 자연인이다'라는 TV프로에 출연한 오십대 중반의 사공철 씨는 아버지의 대를 이은 목수였다. 일찍 결혼하여 가정을 꾸렸지만, 한옥이나 사찰 전문 목수 일을 하다 보니 일터 따라 지방으로 돌아다니느라 집안을 돌볼 겨를이 없었다. 아들이 태어난 후에도 일터는 여전히 지방이어서 한번 나가면 몇 달씩 집을 비우는 동안 아내와 사이가 벌어져 결국 헤어지게 되었다.

이혼 후에도 일터는 변하지 않아 지방을 떠돌면서도 열심히 돈을 버는 것이 아들을 위하는 길이라 자위하며 안쓰럽고 미안한 마음을 달랬다. 그렇게 온갖 우여곡절을 다 겪으며 키운 아들이 열여덟 살이 된 재작년에 배달 아르바이트를 하다가 교통사고로 의식을 잃었다. 식물인간으로라도 살게만 해달라고 의사에게 매달려 애원했지만 열사흘 만에 세상을 떠나고 말았다. 충격과 죄책감에 가슴이 무너져 내렸다. 식욕을 잃고 불면증에 시달리다 보니 몸은 망가지고 일할 의욕도 나지 않았다. 아니, 굳이 돈을 벌 필요가 없어져 버렸다. 그래서 모든 것 다 던지고 산속으로 들어가 자연인이 됐다.

해발 1100m 산중에 지은 허름한 외딴집, 그러나 내부는 걸보기와 딴판으로 말끔한 목조 벽에 침상, 선반, 식탁, 소도구들이 주인의 목공 솜씨를 짐작게 했다. 그의 방에는 그가 지었다는 드라마 <주몽>의 세트

장 사진과 어린아이의 돌 사진, 용모가 훤칠한 청년의 사진이 나란히 걸려 있었다. 아들 사진이라고 했다.

그렇게 아들을 가슴속에 묻은 채 산비탈을 일궈 채소와 양식을 거두고, 산나물, 버섯, 약초를 캐고 개천에서는 물고기도 잡으며 살아간다. 그날은 아름드리 기둥토막을 굴려 내렸다. 전망 좋은 자리에 정자를 지을 재목이라고 했다. 그렇게 산골 집이 다 꾸며지면 납골당에 있는 아들을 데려와 함께 살 계획이라는 것이다.

정작 아들에게 아빠가 필요했을 시절에는 객지를 떠돌다가, 없어도 그만인 이제야 같이 살겠다며 망연히 허공을 바라보는 사공 씨의 순한 눈에 눈물이 고여 넘쳤다.

문득 벽에 걸린 잘생긴 아들 사진이 떠오르면서 이제는 조그만 단지 속에 담겨 있을 한 줌의 재가 상상되어 나도 속으로 울었다.

누군가는 인생을 한바탕 꿈이라고 했다지만, 이런 꿈이라면 아무도 꾸고 싶지 않을 악몽이다.

형제

미국에는 유명한 운동선수가 많다. 랜스 암스트롱도 그중의 한 사람이다. 그는 사이클 선수로, 세계적으로 권위를 자랑하는 '투르 드 프랑스' 사이클 도로 경기에서 7연패라는 전무후무한 기록을 세웠다. 나중에 약물 복용 혐의로 자격을 박탈당하는 불명예를 안기는 했지만 출중한 선수였음은 분명하다. 그가 이처럼 뛰어난 사이클 선수가 된 배경에는 눈물겨운 일화가 있다.

그는 유년시절부터 자전거가 몹시 타고 싶었지만 아빠가 실직자인 데다가 엄마마저 병이 들어 자전거를 사 줄 형편이 아니었다. 암스트롱에게는 형이 하나 있었다. 우애가 깊은 형은 어린 동생의 간절한 소원을 풀어주고 싶어 돈을 모았다. 얼마 후, 어렵사리 모은 5달러를 쥐고 중고 자전거 경매장으로 달려갔다.

경매사가 매물을 내보이며 경매를 선언하자 앳된 소년 하나가 제일 먼저 "5달러!"를 외쳤다. 하지만 뒤이어 "10달러!", "15달러!"소리가 터져 나오더니 결국 20달러에 낙찰되고 말았다. 소년은 포기하지 않고 새 경매 품이 나올 때마다 제일 먼저 5달러를 외쳤지만 번번이 같은 과정이 반복됐다. 경매사는 그렇게 실패만 거듭하고 있는 소년이 딱해 보였던지 왜 5달러 이상은 안 부르느냐고 물었다.

"돈이 5달러 밖에 없어서요."

"그러면 돈을 더 가지고 와야지…"

"아빠는 실직자고 엄마도 몸이 아파서 돈 줄 사람이 없어요."

"그러면 자전거 사기가 어려울 텐데?"

"그래도 동생이 자전거를 너무 갖고 싶어 해서요."

겸연쩍게 머리를 긁적이는 소년에게 시선이 모이면서 장내가 잠시 웅성거렸다.

다시 경매가 시작됐다. 그 날의 마지막 경매였다. 이번에도 소년이 제일 먼저 손을 들며 5달러를 외쳤다. 그런데 이전과는 달리 한참이 지나도 아무도 값을 높여 부르는 사람이 없었다. 경매사가 몇 번을 채근해도 나서는 사람이 없자 힘차게 외쳤다.

"5달러, 낙찰!"

랜스 암스트롱이 사이클 선수가 돼서 '투르 드 프랑스' 대회를 7연패한 배경에는 이렇게 눈물겹도록 아름다운 형제애가 있었던 것이다.

중국의 고전 《소학小學》에는 '형우제공兄友弟恭'이란 문구가 있다. 형은 동생을 사랑하고, 동생은 형을 공경한다는 뜻으로, 사마온공司馬溫公과 백강伯康 형제의 우애를 모범 사례로 들고 있다.

그런가 하면, 《삼국지연의三國志演義》에는 이런 이야기도 나온다.

조조에게는 여러 아들이 있었는데, 조조가 죽자 큰아들 조비가 아버지의 권력을 물려받아 위나라를 세운다. 그런데 조비는 동생 조식이 재주가 많은 것을 시기하여 어떻게든 꼬투리를 잡아 죽이려고 마음먹는다.

어느 날 조식에게 일곱 걸음을 걸을 동안, 형제兄弟라는 글자는 한 글자도 넣지 말고 형제를 주제로 한 시를 한 수 지으면 살려 주겠다고 한다. 조식은 일곱 걸음을 걸으며 시 한 수를 읊었다. 일곱 거름에 지었다고 해서 '칠보시七步詩'라고 했다.

칠보시七步詩

콩깍지를 태워 콩을 삶네.
콩을 걸러 즙을 내네.
콩깍지는 가마 밑에서 타는데
콩은 가마 안에서 우네.

본래 한 뿌리에서 나왔거늘
서로 볶기에 어찌 그리 급한가.

콩과 콩깍지가 모두 같은 뿌리에서 나온 것에 비유하여 형제간의 골육상쟁을 풍자한 것이다. 시를 듣고 난 조비는 크게 부끄러워하며 동생을 살려주었다고 한다.

우리나라에는 "형 만한 아우 없다."는 속담이 전해 내려오고 있다.

요즘 유명 연예인 박 모 씨와, 수십 년 동안 그의 매니저 일을 해온 친형 간에 법정 다툼이 벌어져 화제가 되고 있다. 소문에 의하면 형이 100억 원에 달하는 동생의 수입금을 횡령한 혐의를 받고 있다고 한다.

랜스 암스트롱의 어린 형이 5달러를 들고 중고품 자전거 경매장에 가서 동생에게 줄 자전거를 사는 장면이며, 조식의 칠보시가 떠올라 국외자인 내 심경마저 착잡해진다.

인연

불교에서는 인연을 소중히 여긴다. 옷깃만 스쳐도 인연이라고 한다.

뉴욕의 랜드마크인 월포드 아스토리아호텔은 '뉴욕의 왕궁'이라 불릴 만큼 미국의 최고급 호텔이다. 백만장자 윌리엄 월도프 애스터가 1893년에 세운 13층 규모의 월도프 호텔과 1897년에 세운 아스토리아 호텔을 합쳐, 1931년 10월 신장개업했다는데, 20세기 초에는 미국의 거대 기업이 이 호텔의 객실에서 탄생해 미국의 패권을 상징했으며, 1950년대에는 배우 마릴린 먼로가, 1959년에는 흐루시초프 소련 공산당 서기장이, 1965년에는 박정희 전 대통령이 투숙하는 등 전 세계 유명 인사들이 이 호텔을 찾았다. 유엔 총회가 열린 2014년 9월 24~25

일에는 오바마 미국 대통령을 비롯한 세계 18개국 정상이 묵기도 했다.

이 호텔이 세워진 데에는 따뜻한 인정이 인연이 된 아름다운 일화가 있다.

1890년대 초의 어느 날 미국의 한 노부부가 시골 여행 중에 날이 저물어 호텔을 찾아들었으나 빈방이 없었다. 밤도 깊은데다가 비까지 억수로 쏟아져 난감한 처지가 되었다. 인근에는 다른 호텔이 없다는 걸 알고 있는 젊은 종업원 조지 볼트는 노인 부부를 차마 내칠 수가 없어 자기 방이라도 내주기로 했다.

“객실이 다 찼습니다. 비도 오고 하니 불편하시겠지만 제 방에서라도 묵으시겠습니까?”

노인은 정색을 하며,

“불편이라니요, 재워만 주신다면 고맙지요.”

하고 진심으로 고마워했다. 그렇게 하룻밤을 묵고 난 노부부는 다음날 아침 청년에게 말했다.

“덕분에 잘 쉬어갑니다. 당신이야말로 최고의 호텔 경영자가 될 사람 같습니다. 기회를 봐서 내가 뉴욕으로 초청할 테니 꼭 와주세요.”

“잘 쉬셨다니 다행입니다. 안녕히 가십시오.”

그렇게 헤어진 지 2년 쯤 지난 어느 날 조지 볼트는 낯선 편지 한 통을 받았다. 열어보니 초청하는 편지와 함께 뉴욕 행 항공권이 들어 있었다. 2년 전에 자기 방에서 묵고 간 그 노인이었다.

볼트는 뉴욕으로 가서 노인을 만나 융숭한 대접을 받았다. 식사가 끝나자 노인은 맨해튼 5번가에 있는 큰 호텔로 데리고 가더니, 이 호텔이 어떠냐고 물었다. 자기가 일하고 있는 호텔과는 비교가 안 될 만큼 크고 고급스러운 호텔이었다. 볼트는 단지 자기를 거기서 묵어가라는 줄 알고 사양했다.

"좋기는 한데, 여기는 너무 비쌀 것 같으니 다른 호텔로 가겠습니다."

"아닙니다. 이 호텔은 내가 당신 생각을 하면서, 선친께 물려받은 맨션을 허물고 새로 지은 것이니 책임지고 경영해 주었으면 합니다."

하는 게 아닌가. 그가 바로 당대의 백만장자 윌리엄 월도프 아스토리아였던 것이다.

이렇게 해서 일약 뉴욕의 고급 호텔 경영자가 된 볼트는 노인의 딸과 결혼까지 했다는, 인연이 또 다른 인연을 낳은 전설 같은 이야기다.

세상에는 인연 아닌 것이 없다.

천적

제나라의 추연鄒衍이란 사람이 정리한 것으로 알려진 음양오행陰陽五行 이론은 자연계를 다섯 가지로 분류하여 그것들이 서로 낳기도 하고, 죽이기기도 하는 것으로 설명하고 있다. 즉, 물은 나무를 낳고-水生木, 나무는 불을 낳고-木生火, 불은 흙을 낳고-火生土, 흙은 쇠를 낳고-土生金, 쇠는 다시 물을 낳는다-金復生水.

물은 불을 이기고-水克火, 불은 쇠를 이기고-火克金, 쇠는 나무를 이기고-金克木, 나무는 흙을 이기고-木克土 흙이 다시 물을 이긴다.-土復克水. 이처럼 서로 낳는 이치를 오행상생지리-五行相生之理, 서로 이기는 이치를 오행상극지리五行相克之理라고 했다. 이런 원리를 인간의 신체, 감성, 운명에까지 적용하여 길흉화복吉凶禍福을 점치기도 한다.

사람들은 이런 자연계를 아름답고 신비하다고 하지만 자세히 들여다보면 자연이 그렇게 아름답고 신비하기만 한 것은 아니다. 한순간도 쉴 틈 없이 피 튀기는 약육강식의 살생이 벌어지고 있기 때문이다. 헤아릴 수 없이 많은 종의 생명체들이 서로 잡아먹고 먹히며 치열하게 살아가고 있는 것이다. 초식 동물들은 풀이나 나뭇잎을 먹고, 육식 동물들은 초식동물을 잡아먹고, 파충류는 양서류나 곤충류, 설치류를 잡아먹는다. 종에 따라서는 같은 종끼리 잡아먹기도 한다. 이 밖에도 플랑크톤을 먹는 어류, 모래나 갯벌 속의 유기물을 먹어 청소부 역할을 하는 생명체도 있다. 이처럼 서로 먹고 먹히는 순환 고리를 먹이사슬이라고 하는데, 그렇다면 이 사슬의 세력 순위에서 하위에 있는 초식동물이나 곤충류는 개체수가 줄어들고, 상위에 있는 포식동물의 개체수는 늘 것 같지만 이상하게도 수만 년 동안 일정한 비율을 유지하면서 공존공생하고 있다. 자연계가 태초에 그렇게 설계되었기 때문이다.

이 사슬에서 벗어난 유일한 동물이 인간이다. 인간은 모든 동식물을 다 먹이로 하지만 인간을 먹이로 하는 동물은 없다. 조물주는 왜 인간에게만 이런 특권을 주었는지는 알 수 없다. 하지만 그건 분명 실수였다. 특권을 받은 인간들이 오만해져서 공존공생의 질서를 파괴하고 있기 때문이다. 그걸 증명할 예는 얼마든지 있다.

1950년대 중국 전역에는 소년이 고무줄 새총으로 참새를 잡는 포스터가 나붙었었다고 한다. 혹 참새구이 포장마차를 떠올릴 분이 있을지 모르지만 그렇게 낭만적인 이야기가 아니다. 지방 순시에서 돌아온 마오쩌뚱 주석이 가뜩이나 부족한 곡식을 축내는 참새를 박멸하라는 지시를 내린 것이다. 그렇지 않아도 몬도가네 식성을 가진 중국인들의 열렬한 호응으로 2년 만에 2억 마리의 참새를 잡아 성공을 거두는 듯 했다. 하지만 그 성공이 더 큰 화를 불러들일 줄은 미처 몰랐다. 참새가 없어지자 메뚜기 떼가 온 들판을 뒤덮어서 오히려 농사를 망친 것이다. 계속되는 흉년으로 1958년부터 3년 간 2500만 명이 굶어 죽었다. 뒤늦게 사태의 심각성을 깨닫고 러시아에서 참새를 수입해서 풀어놔 봤지만 쉽게 불어나지 않았다고 한다.

이 정도는 작은 에피소드에 지나지 않는다. 인간의 오만은 날로 심해져서 이제는 지구의 생태계 전체를 뒤흔들고 있다. 매장된 석탄, 석유를 파내서 흥청망청 에너지로 쓰는 바람에 지구 온도가 높아져서 빙산이 녹아내려 바다 생물들의 생태계가 헝크러지고, 대기도 매연과 먼지로 오염되어가고 있다. 연료의 부산물로는 몇 백 년이 지나도 썩지 않는다는 플라스틱을 만들어 한 번 쓰고 버려서 오대양 육대주를 그 쓰레기로 뒤덮다 못해 폐사한 바다거북이나 물고기 배 속에서까지 로고가 선명한 비닐 조각이 통째로 나오기도 한다. 각종 생활쓰레기를 주체하지 못해 이곳저곳에 몰래 묻어 땅과 하천까지 중금속으로 범벅을 만들고 있는가 하면, 갖가지 기상 이변도 속출하고 있다. 인간들의 이런 횡포로 적응력이 떨어지는 종의 멸종이 늘어가고 있다. 다른 모든 생물들은 천적 관계조차 감수하면서 주어진 질서 속에 공존 공생하고 있는데, 오직 하나, 천적이 없는 인간만이 질서를 무너뜨려 공멸을 재촉하고 있다. 이쯤 되니 조물주도 노했을 것이다. 마침내 인간에게도 천적이 생겼다. 만물의 영장이라고 으스대는 인류가 모든 생명체의 천적이자 인간 자신의 천적이 된 것이다. 인간을 멸종 위기로 몰고 가는 것은 인간 자신이다. 인간이 인간의 천적이 된 것은 슬픈 일이다.

내가 생각하는 수필

—왜, 무엇을, 어떻게 쓸 것인가

1. 왜 쓰는가

원고 독촉을 받으면서도 글의 실마리가 풀리지 않을 때 혼자 던져보는 질문이 있다.

-왜 쓰는가?

난감한 질문이다. 숱한 삶의 질곡에서 '왜 사느냐.'는 문제를 놓고 고민하던 심정과도 흡사하다. 누군가에게서 '쓰지 않고는 견딜 수 없는 절실함 때문에'란 말을 들은 적이 있다. 글은 그렇게 써야 한다는 충고를 받은 일도 있다. 그러나 나는 아직 그토록 절실한 심정을 경험하지 못했다. 나도 그동안 꽤 여러 편의 글을 써왔고, 쓰고 싶은 욕구가 있었기에 썼다. 하지만 이제까지 쓴 글들이 한결같이 그토록 간절함 때문에 썼다고 할 수는 없다. 설사 어느 정도의 절실함이 있었다 해도 그것은 어디까지나 나 개인의 문제이지, 내가 글을 쓰지 않는다고 손해를 볼 사람이 없을뿐더러, 무슨 문제가 될 리도 없다. 그렇다면 내게는 무슨 이득이 돌아오나? 우리나라 문학 풍토에서 수필은 돈벌이가 될 수 없고 명예나 지위를 높이는 데도 별 도움이 되지 않는다. 그럼에도 불구하고 늘 목마른 사람처럼 뭔가를 써야겠다는 강박에 시달리는 것은 무슨 까닭인가?

"수필 쓰기는 자위행위다."

어느 선배에게서 들은 말이다. 노력에 상응하는 보상이 따르지 않는 데서 오는 탄식일 테지만, 그 말 속에는 일말의 진실이 있어 보인다. 그것이 비록 비생산적이기는 하지만 자기의 존재를 확인함으로써 원초적 외로움을 달랠 수는 있을 것이기 때문이다. 인간은 본래 음주가무飮酒歌舞나 놀이를 즐기는 동물이다. 크게 힘들지 않는 생업에는 권태를 느끼다가도 등산이나 운동경기에 나서면 비지땀을 흘리면서도 즐거워한다. 그러므로 수필가가 수필을 쓰는 것도 술 마시고 춤추기, 극지 탐험이나 에베레스트에 오르는 행위와 다르지 않다.

2. 무엇을 쓸 것인가?

여기서 '무엇'이란 주제일 수도 있고 소재일 수도 잇다. 그런데 주제와 소재는 서로 떨어질 수 없는 관계여서 주제가 소재를 찾기도 하고, 소재가 주제를 불러들이는 경우도 있다. 그것은 마치 사발을 채우려면 밥이 필요하고, 밥을 담으려면 사발이 필요한 것과 같다.

그러나 주제나 소재가 솥 안의 밥이나 찬장 속의 사발처럼 아무때나 꺼내 쓸 수 있을 만큼 편리하게 놓여 있는 것은 아니다. 그래서 노련한 작가들은 쓸거리가 궁할 때는 사랑이나 죽음의 문제를 생각해 보라고 말한다. 그 문제야말로 인종이나 시공을 초월한 영원한 테마라는 것이다. 하지만 거기에는 결정적인 약점이 있다. 기라성 같은 대가들이 수백 년을 두고 우려먹은 '재료'인만큼 선부른 솜씨로는 신통한 맛을 내기가 어렵고, 잔꾀를 써서 조미료를 친다고 해도 이미 진국을 맛본 독자들의 입맛만 버려놓기 십상이다.

사랑과 죽음의 문제뿐이 아니다. 그 어떤 '재료'를 동원한다 하더라도 거기서 아직껏 문학이 다루지 않은 새로운 것을 찾아내기는 거의 불가능한 일이다. 하지만 아무리 오래도록 많이 써먹은 재료라도 그 속에서 새로운 진실 새로운 가치를 찾아내야 한다. 요컨대 수필은 일상 속에 숨어있는 작은 진실을 찾는 작업이다. 이미 고정관념화 된 가치에 대한 재평가이며, 기존 질서에 대한 새로운 해석이다.

그렇다고 거기에만 연연할 것도 없다. 인간이 발견해 낸 어떤 진리나 가치, 또는 그들을 지배하는 질서도 우주라는 대자연의 운행 질서 속에서는 극히 불완전한 일부분에 불과하다. 인간의 지능이 인간을 복제하는 수준에까지 왔다지만, 그것도 이미 존재하고 있는 인체의 유전자를 조작하는 일일 뿐, 인간의 능력으로는 나비 한 마리도 창조해 낼 수 없다.

그렇다면 우리에게는 더 큰 희망이 있다. 호랑나비의 날개, 들녘에 핀 풀꽃, 하늘에 떠 있는 구름, 지천으로 나뒹구는 돌멩이들, 가을밤을 울어 예는 귀뚜라미 소리에서도 새로운 진실, 새로운 질서, 새로운 가치, 그리하여 새로운 섭리까지도 유추해 낼 수 있다. 아니, 그냥 있는 그대로를 선연하게 그려 보여주고 실감나게 들려줌으로써 독자들을 상상의 세계로 안내하기만 해도 그들은 거기서 새로운 세계를 경험하고, 뭔가를 느끼고 깨달을 수도 있을 것이다.

3. 어떻게 쓸 것인가

그러므로 정작 더 큰 문제는 어떻게 쓸 것인가에 있다. 우리 수필의 역사도 이제 상당한 연륜을 쌓아왔다. 그리하여 그 나름의 전통을 이어온 것도 사실이다. 자연 수필 인구도 엄청나게 불어나 바야흐로 수필 전성시대를 맞은 감도 있다. 그러나 양적인 증가에 비례할 만한 질적 향상이 있었느냐 하는데 대해서는 선뜻 동의할 사람이 많지 않을 것 같다.

오늘날 전문 수필가의 수필이 독자들의 관심 밖으로 밀려나고 있을 뿐 아니라, 문학 전문지에서 조차 변변한 대접을 받지 못하고 있는 것은 안타까운 일이 아닐 수 없다.

읽어 줄 사람이 없는 수필을 왜 써야 하는가? '가치의 획득' '존재의 확인' 등을 들어 자기 변명을 시도해 본 바 있지만, 그것도 읽어 줄 사람이 있을 때의 얘기다. 관객이 없는 연극, 청중이 없는 연설은 공허한 메아리에 지나지 않는다. 그렇다면 우리는 어떤 수필을 써야 할 것인가.

첫째, 재미가 있어야 한다.

재미에도 여러 가지가 있겠지만, 우선 읽는 재미라도 있어야 한다. 수필 속에서 심오한 철리를 찾아내려고 읽는 사람은 없다. 그렇다고 수필이 만담이나 음담패설이어도 좋다는 말은 아니다. 수필 속에는 분명 진실이 있고 진리가 있고 규범 같은 것도 있어야 한다. 그러나 그것이 웅변조이거나 논설문 식으로 딱딱해서는 곤란하다는 것이다. 지식을 얻기 위해서라면 관련 전문 서적이 얼마든지 있다.

수필은 문학이다. 따라서 주장하는 바가 있되 문학성으로 독자에게 다가가야 한다. 유려한 문체, 적절한 비유, 해학, 풍자, 유머 등, 재미에 이끌려 읽다 보면 뭔가 느끼고 깨닫는 바가 있어야 한다.

둘째, 정감이 깃들어 있어야 한다.

흔히 수필을 중重이나 경輕, 경硬이나 연軟으로 구분하고, 무겁거나 단단해야 내용이 있고 격도 높은 것으로 평가하고, 가볍고 부드러운 것은 신변잡기身邊雜記나 필방한담筆房閑談쯤으로 낮춰 보는 경향이 있다.

물론 전자가 대개 사변적 · 논리적으로 지성이나 이성에 접근하려는 형식인 반면, 후자는 주정적 · 직관적으로 주로 정리情理나 감성에 호소하는 형식이어서 비교적 주제가 뚜렷하게 드러나 있는 전자 쪽에 높은 점수를 주려는 것이 일견 당연해 보일 수도 있다.

그러나 후자의 경우 머리가 아니라, 보다 부드럽게 가슴으로 다가가 전달 효과를 높이려는 방편일 뿐, 작가의 생각 자체가 비지성적 · 비논리적이지는 않아야 한다. 만일 후자에서 독자가 느끼고 깨달은 바가 없어 작품성이 떨어졌다면, 그것은 작가의 역량의 문제이지 접근 방식의 결함은 아닐 것이다.

쓴 약보다 당의정이 약효가 떨어진다든지, 하드아이스케키보다 소프트아이스크림이 영양가가 떨어지지는 않는다. 설사 약효나 영양가가 좀 떨어진다 하더라도 써서, 또는 딱딱해서 안 먹는 것보다는 그거라도 먹는 편이 낫다.

셋째, 수필에는 개성이 있어야 한다.

문체나 구성 방법 등에 확실한 자기 스타일, 자기 체취가 있어야 한다. 같은 음악이라도 악곡을 해석하는 방법이나 연주 솜씨에 따라 감명의 정도가 크게 달라질 수 있다. 같은 소재를 그린 그림이라도 화가의 화풍이나 기법에 따라 전혀 다른 느낌을 줄 수 있다. 수필도 마찬가지다. 기존의 작품들이 아무리 명작이라도 그것들의 아류가 되어서는 신선한 느낌을 줄 수 없다.

넷째, 그러나 수필은 소박하고 진솔해야 한다.

수필이 다른 장르의 문학과 구별되는 가장 중요한 포인트가 거기에 있기 때문이다. 현란한 수사나 허구를 도입하기로 한다면, 시나 소설을 택하는 편이 좋을 것이다.

유능제강柔能制剛, -바위는 물을 자를 수 없지만 물은 바위를 자를 수 있다.

수필은 물과 같은 것이다.

4부

부록

| 강호형론 |

평범 속의 비범非凡

—수필로 쓴 강호형의 사람됨과 수필세계

황필호

목차

1. 촌놈 술꾼
2. 의리의 사나이
3. 글쓰기는 새 길을 찾는 작업: 수필의 세계
4. 글쓰기는 가슴으로 보는 작업: 수필의 주제
5. 글쓰기는 여운을 남기거나 '외통수로 끝내는 작업: 수필의 형식
6. 두 날개를 가진 글; 맺음말을 대신하여

1. 촌놈 술꾼

텁수룩한 잔발에 질벅 벌렁한 코, 술에 취해 반쯤 지려 감은 눈매, 굳게 다물었으면서도 뭔가 흐뭇한 듯한 미소만은 감추지 못하

고 있는 입술…. 만 가지 시름을 한잔 술에 다 날려 보내고 난 중년 술꾼의 도도한 주흥이 한눈에 잡히는 것이다.

—<자화상> 일부

이것은 소산素山 강호형이 <자화상>이란 글에서 '술에 의지하지 않고는 일상적인 일도 추스르지 못할 정도로 애주가인 K 화백이 1981년 어느 술자리에서 즉석으로 그려 준 그림에 나타난 자신의 모습이다.

조그만 키, 말할 때마다 벌렁거리는 펑퍼짐한 코, 언제나 술에 취한 듯한 희미한 눈동자, 다만 입만 열면 쉰 목소리를 퍼내는 입술만이 사나이다운 면모라고나 할까. 그는 한마디로 영락없는 촌놈이다. 느릿느릿한 걸음걸이도 그렇고, 사람을 만나 악수를 하면서도 상대방의 얼굴을 정면으로 보지 않는 것까지 촌놈 중에 촌놈이다. 나는 지난 15년 동안 흰 셔츠에 정장한 그를 보지 못했다.

그러나 요즘에는 오히려 촌놈이 그리운 시절이 되었다. 그래서 정치 입문생들은 으레 자신이 촌놈임을 내세우며 <전라도 촌놈 중국을 누비다> 등의 제목으로 글쓰기를 좋아한다. 여기에 실린 제6부의 <가슴으로 본 중국>의 원제도 <촌놈이 가슴으로 본 중국>이었다. 내가, 왜 촌놈이란 글자를 뺐느냐고 물었더니

"너무 촌놈이라고 주장하는 것도 촌놈 기질에 어긋나서…."

가짜 촌놈이 판을 치는 세상, 그래서 자신이 촌놈이라고 강력히 주

장할 수 없는 사람, 그는 역시 진짜 촌놈이다.

소산은 술꾼이다. 양주보다 소주를 좋아하고 맥주보다 막걸리를 좋아하며, 일단 술이 거나하면 우선 목소리가 한 옥타브 올라가고, 성량도 두 배로 된다. 이때 하는 것은 우선 고복수의 <짝사랑>을 부르고 그 다음에는 평상시와는 달리 좌중의 대화를 완전히 휘어잡는다. 내가 직접 목격한 경험으로는 중국을 여행하다가 인류의 위대한 유산인 고구려 고분 벽화에서 물이 뚝뚝 떨어지는 것을 보고 마침 동행했던 역사학 교수에게 일갈했던 일이다. 그는 그 장면을 <가슴으로 본 중국>에서 이렇게 묘사한다.

> 춤을 추듯 물결이 흐르듯, 세류인 듯, 격랑인 듯 분방하게 벽을 타고 나간 오색 곡선의 조화. 그것들은 마침내 청룡으로 꿈틀거리고, 백호로 의젓하며, 현무玄武로 우뚝 서는가 하면 주작朱雀으로 현신現身하는 것이다. 이와 같은 곡선의 조화도 조화려니와 그것들은 단순한 화공들의 붓자국이 아니라 바위 속을 타고 흐르는 핏줄인 양 생동한다. 살아 숨쉬는 바위의 해부도라 할까, 하기야 채색 안료 중에는 짐승의 피도 섞여 있다니 그 지혜가 또한 놀랍지 않은가.

그러나 이 장관도 이대로 세월이 가면 지구상에서 영원히 사라질 것을 예감한 그는 평소에 잘 알지도 못했던 역사학 교수에게 주사酒邪를 부린다.

"안다는 것이 뭐 중요하냐? 알고 나서 무엇을 어떻게 하느냐가 중요하다. 고구려 벽화가 저렇게 망가져가고 있는 걸 보고만 있을 거냐. 뭘 좀 안다는 당신들은 대체 뭐하는 사람들이냐?

이렇게 고래고래 소리를 지르면서도 그는 "옳은 소리도 취해서 하면 주정"이라며 자기반성을 잊지 않는다.

소산의 별명은 딱 한 병인데 그는 저간의 경위를 이렇게 밝힌다.

얼마를 마셨거나, 몇 시가 되었거나 헤어질 마당에는 막무가내로 딱 한 병만 더하자고 애원하는 고약한 버릇 때문에 얻게 되었는데, 명명한 친구의 표현을 빌리자면 "그럴 때의 내 표정은 가히 간절하다 못해 애절해서 도저히 거절할 수가 없더"라는 것이다.

나도 도저히 거절할 수 없는 경우를 체험한 일이 있다. 사무실에서 대충 정리를 끝내고 외출하려고 하는데 전화벨이 울린다. 갈증을 느낀 듯한 그의 쉰 목소리다.

"소산, 무슨 일이오?"

"그냥…."

이럴 때 그냥 전화를 끊는 놈은 죽일 놈이다. 번갯불에 콩 볶아먹듯이 바쁜 세상에 그냥 전화하는 사람이 몇이나 되겠는가. 나는 죽일 놈이 되지 않으려고 결국 인사동에서 솔잎술을 놓고 만났다. 그는 만나자마자 진지하게 입을 연다.

"황 교수, 우리 이제부터 과음은 하지 맙시다. 건강에도…."

두 주전자를 비우고 일어나면서 조용히 묻는다.

"소산, 인제 그만 헤어질까요? 딱 한 병은 그만두고 딱 한 잔만 더할까요?"

내 말을 듣는 순간 그는 눈을 부라린다. 당장 주먹이라도 날리려는 듯 예의 한 옥타브 올려서 소리를 지른다.

"지금 헤어지자는 건 이혼하자는 소리요. 알갔소? 조강지처를 버린다는 뜻이오."

우리는 호탕하게 웃으면서 하늘에 침을 뱉는다. 침이 다시 얼굴로 떨어진다. 그에게 술을 왜 마시느냐고 물으면 그는 "심리적 허기"에서 벗어나려고 마신다고 한다.

> 6 · 25때의 일로 제2 국민병 징집에서 돌아온 장정 하나가 아무리 먹어도 가시지 않는 '허기'를 이기지 못해 너무 먹은 나머지 목숨을 잃은 일이 있었다. '군중 속의 고독'이란 말이 있거니와 먹어도

먹어도 가시지 않는 허기가 육체적 고통이라면 군중 속에서도 외로움을 타는 것은 정신적(인정적) 허기가 아닐른지. 하고 보면 술을 마시는 행위는 -울고 애원하고 노래

부르고 두드려 부수는- 행위도 그 심리적 허기에서 벗어나 보려는 지극히 소시민적인 몸부림일 것이다.

—<술타령> 일부

이렇게 술을 좋아하는 소산은 자신이 '생활인으로서의 열등생'이라는 것을 잘 알고 있다. 그는 군사혁명 직후 어느 정치가가 지역구의 가난한 아이들을 가르친다는 '거룩한 뜻'으로 운영하던 고등공민학교를 인수하여 꾸려나갈 때 만난 아내를 <바다의 묵시록>에서 이렇게 말한다.

총각 신세나 면해보려고 근근득신 모아 두었던 장가 밑천까지 털어넣어 가며 몇 회의 졸업생을 내는 동안 날로 쌓여만 가는 부채를 감당할 길이 없었다.

어느 초등학교 햇병아리 교사였던 나의 약혼녀(지금의 아내)는 햇병아리답게 순진한 데가 있었다. '사랑' 하나면 가시밭길 천 리가 무슨 문제냐? 라는 맹랑한 나의 감언이설을 믿고, 살뜰하게 모았던 혼수자금까지 '범의 아가리'에 털어넣고 말았으니…….

뜨거운 맛은 데어 본 사람이 안다. 빚쟁이들의 성화에 견딜 수가

없었다. 그렇다고 학교 문을 닫아버릴 수도 없는 것이, 전임 교주였던 정치가의 코웃음쯤이야 배짱으로라도 비켜버린다지만, 무구한 아이들은 다 어떻게 한단 말인가!

나아갈 길이 없다고 물러설 자리까지 없으란 법은 없으련만, 나에게는 물러설 자리도 없었다.

"내가 없으면 남도 없다. 내가 없고 남도 없는데 빚이 어디 있으며 체면이 어디 있겠느냐……" 갑자기 염세철학자가 된 노총각을 구제한 것은 나의 어린 신부였다. "돈이 없으면 어떠냐. 방 한 칸에 이불 한 채, 취사도구야 못 마련하겠느냐, '사랑'을 두고도 빚이 무서워 결혼을 못하겠느냐……."

감언이설도 진심을 만나면 '진실'로 승화하는 것일까? 혼수자금을 사취(?)하던 나의 감언이설이 미구에 의젓한 진실이 되어 되돌아오지 않는가?

서둘러 결혼식을 올렸다. 동시에 두문불출의 은거가 시작되었다. 모든 부채는 나 개인에게 지워진 것이니 나만 피하면 동료들이 학교만은 이끌어갈 것이었다.

가시방석은 지옥의 전유물이 아니었다. 아내가 출근하고 난 빈 방을 지키며 어서 밤이 오기만을 기다렸다. 조만간 들이닥칠지도 모르는 채권자들을 생각하면 대낮부터 통금령을 내리지 않는 정부가 원망스러울 지경이었다.

—<바다의 묵시록> 일부

강호형은 이 시대의 마지막 로맨티스트다.

2. 의리의 사나이

강호형이 매일 하릴없이 술만 퍼마시면서 빈둥거리는 것은 아니다. 그는 바쁜 사람이다, 굉장히 바쁜 사람이다. 그는 평소에 글 쓰는 일 이외에도 항상 새로운 일이 생긴다. 아니 더 정확하게 말하면 그가 새로운 일을 만든다.

이미 그는 1960년대 초반 총각 시절에 청량리 588번지와 넝마주이 촌의 중심에 자리를 잡고 몇 년 동안 중생 구제를 위해 '선생님' 노릇을 했다. 내가 어떻게 그런 일을 할 수 있었느냐고 물었을 때 그의 답변은 딱 한마디였다.

"내 빤찌가 좀 세요."

또한 그는 1970년대 초에 사과 궤짝을 가구로 써야 할 만큼 가련한 신혼살림을 벗어나기 위해 동대문 시장에서 복지상服地商을 하는 친구 S를 찾아가 시작한 행상을 8년간 계속해서 빚을 전부 갚고, 장사를 계속했다면 상당한 돈을 벌었을지도 모르는 사업을 버리고 보따리를 싸기도 했다. 주로 군산, 쑥고개와 같은 기지촌의 상인들에게 '왕복 일곱 시간 거리를, 한 달에 두 번뿐인 시장 휴일을 제외하고는 하루도 빠짐없이 옷감을 사 나르는 일이었다. 내가 그를 처음 만난 것도 경가도 쑥고개에서 양복점을 하면서 예총 송탄지부장과 사진작가로 활동하는 친구 오세문 씨의 가게일 것으로 추정한다.

그 후 그는 산다는 것 자체가 시시하고 치사하게만 느껴지는 40대 중반의 늦은 방황을 하다가 도자기를 굽고 글을 쓰는 일에 몰두하게 된다. 재미 삼아 손을 댄 것이 나중에는 금강경 5170자 전문을 써 넣은 대작을 만들어 대한뉴스와 TV에 방영되기도 했다. <금강경>이라면 중간 제목을 빼고도 정확히 5170자며 이것을 옮기려면 보름이 걸린다. 그는 여기에 얽힌 고통과 환희와 언제나 새로 시작하는 감상을 <끝과 시작>에서 잘 묘사하고 있다. 그는 현재 아홉 번째 <금강경>을 쓰고 있다.

사실 그가 정식으로 문단에 등단한 것도 이 도자기와 깊은 관계가 있다. 물론 그는 곤고한 세월을 살아오는 동안 문학에서 위안을 얻는 데 익숙해 있었으며 어설픈 글이나마 《수필문학》, <독서 신문> 등의 독자란에 몇 차례 실리는 '재미'를 보기도 했다. 그러나 정식 데뷔는 도자기에 글을 쓰는 일의 연장으로 이루어졌는데, 그는 저간의 경위를 이렇게 말한다.

> 어느 날 미당 서정주 선생이 가미엘 오셨다. 도자기에 자작시를 써넣으시는 동안 이런 저런 얘기 끝에 정색을 하면서 "글을 써 보시오." 하시는 게 아닌가. 정신이 번쩍 들었다. 심중을 꿰뚫어보는

노 시인의 직관력이 놀랍기도 했다. 얼마 후 선생이 창간하신 《文學精神》 신인상 모집 광고 수필 부문에 관심이 갔다. '글을 써보시오.' 하시던 말씀이 신의 계시가 아니었던가 싶었다. 세 편을 써서 보냈다. 당선 통지서를 받은 것이 87년 말이었다.

—<수필과 나> 일부

소산은 개인적으로도 굉장히 부지런하다. 아무리 전날 밤에 과음을 해도 새벽 다섯 시에 일어난다. 그러나 그가 항상 바쁜 진짜 이유는, 그가 조그만 불의도 참지 못하는 불같은 정의감과 순수함을 가지고 있기 때문이다. 그가 청량리 588과 넝마주이 촌에서 그들과 동거한 것은 이미 말했거니와, 그는 밤늦게 귀가하다가 승차 거부 등 불손한 택시 기사와 주먹다툼을 할 정도로 불의를 용납하지 않는다. 그는 "먹고사는 일에는 바보스러울 정도로 양보를 하면서, 싸워봐야 잇속은커녕 망신이나 당하기 십상인 하찮은 일에는 목숨 걸고 덤비는 위인"이다. (<칠팔 청춘>) 그의 이런 의협심은 <소년>에도 잘 나타나 있다. 강호형은 이 시대의 돈키호테다.

그러나 그에게 있어서 돈키호테나 햄릿형의 이분법은 전혀 해당되지 않는다. 그는 무조건적인 행동가가 아니다. 생각하는 행동인, 햄릿적인 돈키호테라고나 할까, 바로 여기에 소산의 '평범 속의 비범'이 있는 것이다.

소산과 나와의 인연은 깊다. 현재 내가 운영하는 사단법인 생활철학연구회의 운영위원인 그는 《어느 철학자의 편지》가 나올 때마다 4~50부를 사서 주위 사람들에게 선물할 정도로 '철학하는 국민이어야 산다.'는 취지에 동조하고 있으며, 제6부<가슴으로 본 중국>은 3회에 걸쳐 연재했던 것이며, 제5부 '흑싸리 껍데기'의 글들도 모두 《편지》에 발표했던 것이며' 현재도 《편지》의 <돈 이야기>라는 연속 기획 시리즈에 글을 쓰고 있다.

나는 1992년에 쓴 어느 평론에서 이렇게 말한 일이 있다.

> 결국 나는 작가를 전혀 모르기 때문에 객관적인 입장에서 그녀의 수필을 판단할 수 있을 것이며 결국 이런 판단도 나의 주관적인 생각이기는 하지만 적어도 어느 사람의 글을 나의 생각으로 결정하는 '사람에 대한 오류'를 범하지는 않을 것이다.

그러나 이번의 경우는 내가 저자를 너무 잘 알고 있어서 -이것이 나의 착각이 아니기를 바라지만- 오히려 '사람에 대한 오류'를 범할 위험이 있다. 나는 이 글을 "작가는 글로 말해야 한다."는 입장에서 쓰도록 노력하겠다.

3. 글쓰기는 새 길을 찾는 작업: 수필의 자세

사람과 글의 관계는 크게 세 가지가 되겠다. 첫째는 사람을 통해 글을 읽는 것이며, 둘째는 글을 통해 사람을 판단하는 것이며, 셋째는 글을 통해 글을 읽는 것이다. 여기서 첫 번째 시도는 현재 우리나라 수필계에서 가장 유행하고 있지만 근본적으로 잘못된 접근 방법이며, 두 번째 시도는 작가도 자신의 사람됨을 전부 드러낼 정도로 많은 글을 쓸 수 없으며 또한 그런 글이 있다고 해도 독자는 그것을 전부 읽을 수 없다는 점에서 불완전한 접근 방법이며, 그래서 평론가는 자연히 세 번째 접근 방법을 취해야 할 것이다. 하여간 나는 지금까지 강호형의 사람됨과 수필을 첫 번째와 두 번째 시각에서 살펴보았다. 그래서 이제는 세 번째 방법에 의한 정식 평론을 할 차례다.

그러면 강호형은 왜 글을 쓰는가? 불행히도 우리는 이 질문에 대한 답변을 그의 글에서 쉽게 찾을 수 없다. 이미 언급한 <수필과 나>라는 글에서도 "실의와 절망에 빠질 때마다 문학에서 위안을 찾는다."는 일반론 이상은 찾을 수 없다. 아마도 그가 작가는 글로 말해야 한다는 원칙론을 철저히 실행하고 있기 때문일 것이다. 다행히 나는 <길>에서 그가 수필을 쓰는 이유, 자세, 고통을 설명하는 두 개의 이미지를 찾았다.

첫 번째 이미지는 '숫눈밭에 첫 발자국'을 내는 것이다.

사박사박 눈 밟히는 소리가 좋았다. 나는 앞서 걷고 발자국은 말없이 따라오고…. 가다가 개 발자국이라도 만나면 조금 서운하기도 했지만 그건 어쩔 수 없는 일이었다. 그렇게 가다가 누구든 눈 치우는 사람을 만나면, 첫닭 우는 소리에 놀란 귀신처럼 가던 길을 되짚어 돌아오곤 했다. 나는 요즘도 글을 쓰려고 원고지 앞에 앉으면 그때 생각이 난다. 텅 빈 원고지가 발자국 하나 찍히지 않은 하얀 눈밭 같은 것이다. 아무도 지나가지 않은 숫눈 밭에 첫 발자국을 내자. -그러나 그것이 옛날의 그것처럼 쉽지 않아 몸살을 앓는 것이다. 욕심이 더하여 길 하나를 내리라 하면 더욱 막막하다. 그렇다고 남들이 수없이 밟고 간 길을 터덜거리며 따라가기는 억울한 것이다.

—<길> 일부

두 번째 이미지는 강원도 두메산골에서 동료와 같이 토끼 한 마리를 잡아먹고 오다가 길을 잃고 고생한 경험이다.

깊은 산중이었다. 서둘러 내려오는데 눈이 내리기 시작했다. 눈은 이미 발등을 덮고 있었다. 라이터를 켰다 끄면 더 캄캄했다. 참으로 막막했다. 그렇다고 그대로 눈 속에 묻힐 수는 없었다. 긁히고

찢기고 자빠지고 엎어지면서 헤맸다. 그렇게 얼마를 헤매다가 멀리 불빛 한 점이 번쩍 하는 것을 얼핏 보았다. 그것을 목표로 전진을 계속했다. 어디를 어떻게 헤쳐 나왔는지 알 수 없었다. 어쨌든 우리는 새벽녘에야 부대로 돌아왔다. 지옥에서 헤어난 기분이었다.

글을 쓰다가 막막해지면 그때 생각이 난다. 빛도 없고 길이 보이지 않는 산중에 눈보라는 치고…. 글은 곧 사람 사는 이야기의 기록인데 사람 사는 길이 여간 많은가. 오십억 인간이 오십억 가지 길을 가고 있고, 그보다 더 많은 사람들이 저마다 제 길을 갔으며, 그 모두를 합친 것보다 더 많은 미래의 인간들이 걸어 갈 숨겨진 길은 또 얼마나 많을 것인가. 그날 내린 눈송이보다 많을지도 모를 숱한 길 중에서 새 길 한 가닥을 찾아내는 일이 어디 그리 쉬운가.

— 윗글, 일부

강호형에게 있어서 글쓰기는 '남들이 수없이 밟고간 길을 터덜거리며 따라가기'가 아니다. 숫눈밭에 첫 발자국을 내는 것이다. 그것은 '얼마쯤이건 가다가 누구든 눈 치우는 사람을 만나면 가던 길을 되짚어 돌아오는' 작업이다. 사실 "그동안 수많은 사람들이 밟고 간 발자국"을 그대로 따라가기는 그리 어렵지 않을 것이다. 그러나 강호형에게 있어서 글쓰기는 '그날 내린 눈송이보다 많을지도 모를 길 중'에서 오직 새 길 한 가닥을 찾는 일이다. 차라리 개 발자국은 참을 수 있어도 남의 발자국은 절대로 밟지 않겠다는 오기, "모방은 창조의 어머니"라고 변명하면서 남의 길만 따라가는 우리 수필가들을 향한 무서운 경고가 아닐 수 없다.

4. 글쓰기는 가슴으로 보는 작업: 수필의 주제

아마도 강호형이 가장 많이 사용하는 주제는 눈일 것이다. "흩날리는 꽃잎 같기도 하고 수많는 나비들의 군무群舞 같기도 한 눈", "추위에 떨고 있는 벌거벗은 나뭇가지에도 내려앉아 꽃을 피우는 눈", "하얀 드레스에 붉은 꽃 화관을 쓰고 백자 항아리를 하나씩 들고" 있는 선녀들이 그 항아리 속에서 무엇인가를 조금씩 집어 뿌려서 생긴 눈.

그러나 강호형에게 있어서 눈은 단순한 음풍영월로서의 눈이 아니다. 그것은 "육친들의 피와 넋"으로서의 눈이다. 그는 <눈>에서 이렇게 말한다.

> 아, 할머니! 할머니가 잘게 썬 뽕잎을 누에들이 꼬물거리고 있는 잠박 위에 뿌리고 있다. 파 씨를 뿌리고 있는 어머니도 보인다. 아버지는 검정 소를 앞세우고 밭을 갈고 있다. 할아버지도 보인다. 긴 장죽을 물고 원두막 위에 한가로이 앉아 먼 산을 바라보고 있다. 그 밑에서는 어린 동생 남매가 두꺼비집을 짓고 있다. 할머니와 어

머니는 하얀 옥양목 치마저고리 차림이고 아버지는 누런 베 등걸 잠방이를 입었다.

허연 수염에 모시옷을 입은 할아버지는 신선 같다. 두 동생은 흙감태기다. 아, 이건 피난길에서 내가 얼마나 간절하게 꿈꾸던 가족들의 모습인가!

이렇게 눈은 피란길에 눈에 발이 푹푹 빠지는 산길을 미끄러지며 엎어지며 가다가 이질로 죽은 사촌 동생의 넋, 거적때기로 만든 움막 속에서 주린 배를 움켜잡고 세상을 떠난 어머니의 넋, 역시 눈이 내리던 날 장례를 치른 할머니의 넋이다. 그러나 강호형의 <눈>은 여기서 멈추지 않는다.

그러므로 눈송이들은 내 육친들의 피와 넋만도 아니다. 예수의 피요, 석가의 눈물이요 내 할아버지와 어린 동생들의 혼이다. 욕망의 사윈 재이며 피었다가 시들어 버린 사랑의 꽃잎이다. 원한과 저주의 시신이며 권세와 영화의 환상이다. 박애와 자비의 결정이요. 고뇌와 번민의 몸부림이다. 아니 그 모든 사단칠정四端七情과 그것들의 주인이 하나의 큰 용광로에서 녹아 표백된 청정무구淸淨無垢한 결정結晶이다.

—<눈> 일부

여기서 우리는 강호형이 소재로 쓰는 눈, 식물, 동물, 사회, 세계, 우주는 모두 인간의 화신化身임을 알 수 있다. 그는 처음부터 끝까지 인간에 대해 말하고 싶은 것이다.

물론 나를 포함한 많은 수필가들이 글쓰기의 주제를 인간으로 삼고 있다. 이정림은 이렇게 말한다.

> 인간이 없는 글은 먹빛이 들어가지 않은 천연색 인쇄물과도 같다. 검정색이 있음으로 해서 지면의 빛깔이 살아나듯이, 인간이 있음으로 해서 글은 생동감을 지니게 된다. 인간이 없는 글은 관념의 글이요 추상의 글이다. 그래서 나는 현실에 두 발을 딛고 서있는 인간의 모습을 꾸미지 않고 있는 그대로 글 속에 담으려고 노력한다. 그리고 또한 그들을 애정과 긍정의 시선으로 바라보려 애쓴다.
>
> ―<떡국> 일부

강호형도 분명히 인간을 있는 그대로 글 속에 담으려고 노력한다. 그러나 그는 인간을 주제로 삼고 있는 다른 수필가들과는 적어도 두 가지 면에서 다르다.

첫째, 그는 "내 수필은 인간이다"라거나 "내가 생각하는 훌륭한 수필은…" 등의 말을 하지 않는다. 그냥 그런 수필을 쓰고 있을 뿐이다.

나도 나의 수필관을 밝히는 <수필은 역설이다>라는 글을 쓴 일도 있고, 좋은 수필을 쓰는 방법에 대해서 쓴 일도 있다. 수필평론가로는 있을 수 있는 일이다. 그러나 진정 훌륭한 수필가는 그런 말을 할 필요가 없을 것이다. 직접 작품으로 보여주면 되는 일이니까. 사실 수필가가 이런 저런 수필을 쓰겠다고 장담하는 자체가 "작가는 작품으로 말한다."는 원칙에 철저하게 충실하지 않다는 증거로 본다면 지나친 말일까. 여기서 우리는 시에 대한 이론서를 쓴 아리스토텔레스는 플라톤과 같은 시인이 되지 못했다는 역사적 사실을 상기해도 좋을 것이다. 물론 한 사람이 동시에 문인과 문학평론가가 될 수 없다는 논리적 이유는 없겠지만.

둘째, 강호형은 주제를 전면에 내세우거나 강조하지 않는다. 일부의 수필가들이 "강호형의 수필에는 주제가 없다."고 하는 이유도 여기에 있다. 우리는 그의 주제를 행간에서 읽을 수 있을 따름이다. 공덕룡은 그의 <정류장에서>를 평하면서 이렇게 말한다.

> 이런 글에서는 새삼 주제 같은 것을 내세울 필요가 없다, 주제는 여백에 배어나와 있으므로 독자는 종이의 배면背面에서 주제를 감지할 수 있으리라.
>
> 수필은 논문과는 달리 주제가 시사示唆적이어야 한다는데, 이 글에서는 시사까지도 삼갔다… 연역이니 귀납이니 하는 도식은 이 글을 이해하는 데 거추장스럽다. '무형식의 형식'의 좋은 예다.

그러면 강호형 수필의 주제인 인간은 도대체 어떤 사람인가?

한마디로 그는 지나간 것들, 사라진 것들, 없어진 것들을 잊지 못하고 그리워하는 사람이다. 그래서 그는 빤질빤질한 도시인보다는 수더분한 농촌인, 미래지향적인 젊은이보다는 추억에 눈물짓는 노인, 예리한 지성인보다는 타고난 직관으로 사는 사람이 되기 쉽다. 가령 <떡국>에는 이런 구절이 있다.

> 어느 날인가는 누이동생의 머리를 빗기고 계셨는데, 창호지 위에 굵은 이가 뚝뚝 떨어졌다. 참빗을 잡으신 할머니의 손에는 거무거뭇 검버섯이 돋아 있고, 너무도 힘겨운 일을 하신 탓인지 손목은 부어 있었다. 부은 손목 때문에 할머니의 손놀림은 어줍어 보였다. 그런 할머니의 모습을 보고 있노라니 "난 인제 죽을 때가 됐나 봐." 하시던 말씀이 자꾸 귀청을 때렸다.
>
> "에그머니! 이게 웬일야."
>
> 보리알 같은 이가 하나씩 떨어질 때마다 혀를 끌끌 차시면서, "할미마저 죽으면 이 가엾은 것들은 어쩌누!"
>
> 아픈 손목도 쉴 겸 잠시 망연해지신 할머니 눈에는 그렁그렁 눈물이 고여 있었다.
>
> 손목이 그렇고 보니 절굿공이를 왼손으로 잡으셨다. 맷돌질도 왼손, 밥을 푸는 일도 왼손이었다. 그래서 아버지께서 밥을 지으시는 날도 많았다.
>
> —<떡국> 일부

또한 강호형은 '변변한 집 한 칸이 없으면서도 도무지 이재理財에는 관심이 없이 친지, 친척이 있는 곳이면 천리를 마다 않고 찾아다니며 서로간의 소식 전하기를 낙으로 삼고' 사는 백부님에게 드릴 선물을 묘사한 <빈손>에서 이렇게 말한다.

> 결국 백부님에게는 물건보다 말동무가 필요하겠다는 데 생각이 미치자 '얘기책'을 떠올리게 되었다. 《옥루몽》, 《옥단튠전》, <장화홍련전> …. 그러나 그런 구닥다리 책을 어디 가서 구한단 말인가. 근처 책방에 들러보니 젊은 주인은 《옥루몽》이 뭐냐고 되묻는다.

요즘의 신세대는 강호형의 이런 표현들을 '쉰세대'의 궁상쯤으로 볼 것이다. 그러나 강호형에게는 이런 과거 되찾기가 사람의 본질인 것이다.

인간은 과거와 미래를 볼 수 없고 오직 현재만 볼 수 있다. 육체의 눈으로는 그렇다. 그러나 강호형은 눈으로 세상을 보지 않는다. 제6장의 제목인 <가슴으로 본 중국>에서와 같이 그는 세상을 가슴으로 본다.

전혀 다른 얘기지만 <광대>에는 이런 구절이 있다.

> 어둠 속에서는 눈을 떠도 아무것도 볼 수 없지만, 오히려 눈을 감으면 원하는 것을 그려볼 수가 있다는 사실이었다. 실제로 눈을

뜨고 보려고 하면 어렴풋한 물체의 윤곽만 보이거나 전혀 보이지 않을 때도 있지만, 일단 눈을 감고 상상의 날개를 펼치고 보면 온갖 것들을 선연하게 떠올릴 수가 있는 것이었다.

육체의 눈에는 시비와 호불호好不好가 확연히 구별되고 과거와 현재가 공존할 수 없다. 오직 마음의 눈, 가슴의 눈을 통해서만 과거는 동시에 현재가 될 수 있고, 사라진 것들이 아직 살아있는 것들이 될 수 있다.

강호형은 가슴으로 본다. 그래서 과거와 현재는 공존할 수 있으며 과거의 조그만 파편까지도 현재적인 가치를 가질 수 있다. 그리고 조그만 과거까지 곰살궂게 소중히 여기는 사람은 '가슴이 따뜻한 사람'이다. 강호형 수필의 주인공은 바로 이런 사람들이다.

5. 글쓰기는 여운을 남기거나 '외통수'로 끝내는 작업: 수필의 형식

강호형 수필의 형식을 지배하는 원칙은 한마디로 쉽게 쓰기와 재미있게 쓰기라고 할 수 있다.

"첫째 강호형은 "강문姜門의 장손으로 축문 글 정도도 익히지 못한다면 장차 조상님을 무슨 면목으로 뵙겠느냐."는 할아버지의 훈도訓導로 초등학교 1학년을 휴학하고 건너 마을 서당에 다닌" 일이 있어서 한문에도 일가견을 가지고 있다.(<우리집>) 그래서 그는 선송禪頌을 인용하기도 한다. 그러나 그는 자신의 한문 실력을 장황하게 자란하지 않는다. 그는 고사성어를 주제로 한 <남아수독오거서>에서 조차 자신의 고등학생 아들에게 지는 것으로 묘사한다. 이것은 그가 보통 사람에 지나지 않는다는 겸손뿐만 아니라 쉬운 수필을 쓰려는 노력이기도 하다. 김태길은 이렇게 말한다.

> 자기 자신의 체험을 깊이 들여다보고 그 체험 속에 담긴 의미를 음미할 정도로 조용한 마음을 가진 사람은 대개 수필을 쓸 수가 있다. 자기가 보통 사람에 지나지 않는다는 것을 스스로 인정할 정도로 겸허하고, 자기의 부족함이나 실패담을 솔직하게 털어놓을 수 있는 사람도 수필을 쓰기에 적합한 사람이다.
>
> 수필을 쓰기 위해 사람이 잘날 필요는 없으며, 오직 세상과 자기 자신을 깊은 시선으로 바라보는 마음의 자세가 필요하다.

둘째. 강호형은 수필이란 쉽게 읽혀야 할 뿐만 아니라 재미가 있어야 한다고 믿는다. 아이들이 먹지 않는 양약에 당의를 입히듯, 잔잔한 유머가 없고, 숙성되지 않고, 향기가 없는 수필은 수필이 아니라고 믿는다. 이것은 <덮어주기>를 비롯한 많은 수필에 잘 나타나 있다.

그러나 수필은 쉽고 재미있는 데서 그치지 말고 그 이상의 의미를 전달해야 한다. 나는 <수필은 역설이다>에서 이렇게 말했다.

수필은 아름다운 글이며 쉬운 글이다. 절대로 딱딱하지 않고 복잡하지 않아야 한다. 어려운 고전에 대한 필자의 해박한 지식을 과시하려는 글, 마치 생을 완전히 해탈한 양 큰소리치는 광신적인 종교인들의 글, 자신의 이데올로기를 교묘하게 선전하는 글, 이런 것들은 수필이 아니다. 수필은 완성의 글이 아니라 미완의 글이다.

그러나 수필의 내용은 절대로 쉬운 것이 아니다. 오히려 쉬운 것을 통하여 어려운 것으로 인도하는 글이 바로 수필이다. 그리하여 수필은 밀 한 알을 가지고 천하를 논할 수 있으며, 겨자씨 한 알을 가지고 우주를 논할 수도 있다. 수필은 미완의 글이지만 언제나 완성을 지향하는 글이다.

그러면 강호형은 어떻게 자신의 글이 단순한 미완으로 끝나지 않고 '언제나 완성을 지향하는 미완의 글'로 남게 하는 데 성공하고 있는가?

첫째 그의 문장은 미문이 아니면서도 아름답다. 가령 <눈 마중>에 나오는 사계절에 대한 묘사를 읽어보자.

봄은 요염이 지나쳐 감당하기 벅차고, 여름은 열정이 넘쳐 힘겨우며, 가을은 애수가 사무쳐 가슴 아프다. 지나간 세 계절이 질탕하게 펼치고 간 잔치마당의 잡다한 쓰레기들을 하얗게 덮어 평정해 주는 겨울이 좋다.

혹은 <봄이 오는 소리>의 한 구절을 읽어보자.

밀려드는 봄기운을 주체할 수가 없다. 눈을 감는다. 혼곤昏困하게 전신을 적셔오는 춘곤… 앉아 있는 지축地軸이 조금씩 흔들리는 것 같다. 벌 떼 웅웅거리는 듯한 소리가 들린다. 대지가 우는 소리일까? 대지는 봄을 연출하기에 몸살이 났는지도 모른다. 아니다. 수절하던 대지의 음기陰氣가 봄비처럼 쏟아져 내리는 천상天上의 양기陽氣를 받아 운우지락雲雨之樂을 농弄하다가 그 조화의 절정에서 더는 참지 못해 토해내는 신음일 것이다. 아니, 은밀하게 잉태했던 만 가지 생명들을 일시에 출산하다가 그 고통을 이기지 못해 신음하고 있는지도 모른다. 그 어느 경우이건 나는 지금 엄청난 생명력을 분출하고 있는 크나큰 대지, -그 활화산 위에 앉아 있다.

둘째, 강호형의 수필은 아름다운 문장을 가지고 있을 뿐만 아니라 내용이 아름다운 묘사로 가득차 있다. 이를테면 <노을>에서의 '비밀의 목격자'라는 표현, <소리>에서 저승에서 전화가 왔다는 문장, <눈 마중>에서 어린애를 버스에서 만나는 장면, <오후의 산책>에서 "나는 그곳에서 어디론가 떠나는 또 다른 나를 배웅하곤 했었다."는 문장,

<나주댁>에서의 사투리. <인구 시계>에서 콩나물 시루 같은 만원 버스의 장면, <생쥐>에서의 '아비의 무력武力이 무력無力함을 간파한 딸'이라는 표현, 그리고 제5부에 실린 대부분의 수필들에 나오는 문장들이 이를 잘 증명한다.

셋째, 이미 말했지만 그의 수필 중에는 현재와 과거가 겹치는 글들이 굉장히 많다. 아니, 감동을 주는 글들은 모두 이런 형식을 취하고 있다. 김서령이 <부부>를 평하면서 그를 고수高手라고 부른 이유도 여기에 있다.

글 중간에 간결히 처리한 에피소드는 시종 웃음을 머금게 한다. 결미 부분에서 나 같으면 틀림없이 햇살이 반짝했다느니, 하는 식의 군더더기를 붙였을 텐데 강호형은 그렇게 하지 않았다.

군더더기가 전혀 없는 쪽이 훨씬 깔끔하다. 강호형은 고수다. 그의 작품집을 기다린다.

그러면 강호형 수필의 형식의 특징은 무엇인가? 나는 그 것을 세 가지로 생각해 본다.

첫째, 이미 말했지만 그의 수필 중에는 현재와 과거가 겹치는 것들이 굉장히 많다. 아니, 감동을 주는 글들은 거의 모두 이런 형식을 취하고 있다.

그런데 그의 이런 기법은 단순히 현재로부터 과거를 회상하는 차원에 머물지 않고 다시 현재로 회귀하는 특성을 가지고 있다. 그에게는 항상 현재가 문제인 것이다. '왜 뛰어야 하는 지를 알아볼 겨를도 없다'는 <빈손>, 강도 사건을 묘사하면서 "내가 숨막히는 몇 분간을 쓰러지지 않고 버틴 것은 차라리 그토록 철저한 방관자들에 대한 적개심에서 비롯된 오기'라고 일침을 놓는 <소년>, 부정선거를 고발한 <한 권의 책>, 도시인의 아파트를 '밤도 낮으로 하여 닭들로 하여금 더 많은 달걀을 생산케 하는' 양계장에 비유한 <인구 시계>, 사생아 문제를 다룬 <출생 당한 아이>, 우리나라 현대사를 다룬 <아픈 추억>등의 수필이 현실 비판 혹은 문명 비판까지 할 수 있는 이유도 여기에 있다.

강호형은 시시한 현재로부터 출발해서 시시한 과거로 올라간다. 그러나 그가 다시 현재로 돌아오면 거기에는 전에 볼 수 없었던 새로운 판이 벌어진다. 마치 고장난 자물통을 분해했다가 다시 맞추면 완전한 자물통이 되듯이.

둘째, 강호형의 수필은 그것을 읽은 사람에게 즉석에서 어떤 감동을 주지 않는다. 오직 그것을 읽고 고요히 생각하는 사람에게만 감동을 준다. 그리고 그 감동은 절대로 진하지 않고 후각이 발달한 사람만이 감지할 수 있는 난향蘭香과도 같은 은은한 것이다.

언젠가 나는 절친한 친구를 초대해서, 중국에서 직접 사 가지고 온 중국차를 대접한 일이 있다. 그런데 그는 그 귀한 차를 마치 냉수 마시듯이 벌컥벌컥 마실 뿐만 아니라 맛이 없다고 투덜대기까지 했다. 나는 돼지에게 진주를 선사한 기분을 삭이면서 말을 꺼냈다.

"입 속에서 감로수를 느끼지 않니? 한 방울만 마셔도 모든 고뇌를 없애주고, 살아 있는 사람은 장수하게 되고, 죽은 사람은 살려놓는다는 그 감로수 말이야!"

그는 고개를 가로 저었다. 나는 약이 올라 소리를 빽 질렀다.

"도대체 이게 얼마짜린 줄 알아? 내가 제일 좋아하는 최고의 꼬냑보다 비싼 거야!"

그는 한참 쳐다보더니 한마디 내뱉었다.

"그런 걸 왜 사니?"

그런데 돌아간 지 두어 시간 후에 이 친구로부터 전화가 왔다. 항상 메말랐던 입에 침이 고인다는 것이다. 나는 또다시 소리를 빽 질렀다.

"예끼, 이 형광등아!"

강호형 수필의 여운은 이렇게 시간이 걸린다. 지연된, (혹은 연착된) 감동이라고나 할까? 그래서 감동은 오히려 더 오래 지속된다. 김태길은 이렇게 말한다.

> 독해력을 못 믿겠다는 듯이 일일이 설명을 집어넣으면 글의 밀도가 떨어지면서 함축의 묘미가 달아난다. 필자 혼자 모든 말을 다 하여 결론까지 명백히 밝히는 것은 수필의 바람직한 기법이 아니며, 독자에게도 생각할 여지를 남겨두는 것이 바람직하다. 읽고난

뒤에 오래도록 여운이 남는 글이 수필로서는 좋은 글이다.

셋째, 그러나 강호형의 수필 중에는 마지막 한 문장으로 직격탄을 날리면서 끝나는 것이 꽤 많다. 내가 보기에 이것은 강호형만이 가지고 있는 주특기라고 할 수 있다.

가령 <우리 집>을 예로 들자. 솔직히 말해서 모든 내용이 그저 그렇고 그런 얘기다. 그런데 갑자기 -너무나 갑자기- 이렇게 끝을 맺는다. "그 우리 집이 지금은 팔당호에 잠기고 없다. 그리운 우리 집" 마치 독자에게 네가 이래도 감동을 받지 않을 수 있겠느냐고 대들듯이. 이런 내용은 <고향>에도 그대로 재현되고 있다.

이런 기법은 <덮어주기>에서도 볼 수 있다. 저자는 어린 아들의 그렇고 그런 얘기를 계속한다. 그러다가 마지막에 가서 외통수를 둔다. "다만 세월이 훨씬 지난 어느 날, 오늘 내게 담요를 덮어 주었듯이 잔디 이불을 덮어 주며 이별을 아쉬워 할 아들의 모습을 상상해볼 뿐이다. 가여운 것!" 독자는 여기서 꼼짝할 수 없다.

우리가 모파상(1850-1893)의 단편을 읽는 재미는 단연 깜짝 끝내기(Surprise ending)에 있다. 전혀 의심하지 않았던 사람이 범인으로 나오고, 전혀 상상치 못했던 장면이 마지막에 벌어지는 깜짝쇼에 있다. 그런데 강호형의 일부 수필은 이런 깜짝쇼가 아니라 직격탄이거나 외통수다. 어떻게 보면 마지막 말을 던지기 위해 얄밉도록 철저하게 준비를 한 것 같기도 하다.

이런 기법을 사용하여 성공항 작품으로는 <부부>를 들 수 있다. 저자는 아침 산책길에서 아내에게 평행봉과 철봉 실력을 자랑하려다가 처절하게 실패한다. 마지막 문장은 이렇게 끝난다.

> 벤치에 앉아 있는 아내 곁으로 갔다. 변명 따위는 하지 않기로 했다. 뭐라고 놀리든 다 받아줄 참이었다. 그런데 한참을 지나도 아내는 말이 없다. 웬 일인가 싶어 돌아보니 아내의 눈에는 눈물이 고여 있었다.

독자는 여기서 할 말을 잊는다. 눈물이 앞을 가린다.

대부분의 수필가들은 첫 문장에 굉장히 신경을 쓰며, 또한 첫 줄이 잘 빠지면 그 다음부터 쉽게 줄줄 나온다고 말한다. 그러나 강호형의 수필 중에는 멋진 첫줄로 시작되는 것이 별로 없다. 그에게는 시작보다 마지막이 더 중요한 것이다. 마치 "잘 끝나는 것은 모두 좋다."는 셰익스피어의 말과 같이.

강호형의 수필은 마지막 문장들이 지금까지의 평범한 문장들과 대비될 때, 거기에서는 상상도 못했던 감동의 활화산이 솟아난다. 강호형의 사람됨과 마찬가지로 그의 수필 속에서도 평범 속의 비범이 번뜩인다.

6. 두 날개를 가진 글: 맺음말을 대신하여

강호형에게도 여러 가지 약점은 있다. 특히 어느 사람의 장점은 동시에 그의 약점이 될 수도 있다는 면에서 지금까지 기술한 그의 뛰어난 솜씨는 동시에 비난의 대상이 될 수도 있다.

첫째, 문장 표현에 있어서 그는 구어口語와 문어文語를 구별하지 않고 우리가 흔히 쓰는 대화체를 그대로 글로 옮겨놓는다. 그러다 보니 듣기는 좋아도 읽기가 불편한 곳이 많다.

나는 글을 쓰면서 느낌표를 거의 사용하지 않는다. 독자는 아무런 감동도 받지 않았는데 저자가 먼저 감동하는 것은 무대에 오르자마자 눈물을 흘리는 철없는 배우와 같다고 생각한다, 강호형의 수필에서도 가끔 그런 장면을 볼 수 있다. 그렇다고 그가 느낌표를 다른 수필가들보다 많이 쓴다는 말은 아니다. 그는 느낌표에도 인색하다. 그러나 그가 자신의 참모습을 말로 표현하지 않고 직접 보여주는 작가라는 측면에서 보면 가끔 불필요한 느낌표나 구두점을 발견할 수 있다는 것이다.

둘째, 강호형은 이성보다는 감성, 논리 보다는 직관, 머리보다는 가슴으로 글을 쓰며 그래서 그의 글의 글이 감동을 준다. 그러나 바로 이런 기법이 감정이 따라갈 수 없을 정도의 논리적 비약을 만들기도 한다. <눈>에서 온통 천지를 흰색으로 뒤덮는 눈과 피붙이의 관계를 얘기하다가 갑자기 '예수의 피와 석가의 눈물'로 옮겨가는 대목이 여기에 속한다.

<광대>도 전체로 봐서는 확실히 수준작이다. 그러나 강호형에게는 역시 형이상학적인 내용보다는 정감 어린 글이 어울린다.

셋째, 외통수 기법이 항상 성공만 하는 것도 아니다. <불 켜진 창>과 <눈>이 여기에 속한다. 후자는 감동적인 에피소드 몇 개를 그냥 병렬해 놓은 듯하며, 전자의 경우에는 '아직 뜬눈으로 기다리고 있을 아내와 곤히 잠들어 있을 자식들'이 있는 아파트의 불 켜진 창문이 앞의 내용들과 맞지 않는다.

넷째, 더 나아가서 긴 여운을 남기는 수필들도 어느 면에서는 삶과 역사에 대한 투철한 실존적 투쟁정신이 부족한 듯이 보인다.

김서령은 《수필공원》의 저자들 중에는 "자기 자신에 대한 가열한 탐구가 적고 너무 쉽게 긍정적인 결론에 도달해 버리며, 모름지기 생生은 안주하고 자족하는 것이라는 인생관을 가진 필자들이 태반"이라고 개탄한다. 부부생활을 예로 들자.

> 새삼스런 말이지만 가정의 기본 단위다. 우리는 거기서 애증을 관리하는 방법을 배운다. 사랑으로 뭉쳐진 부부가 있다는 것을 나는 믿지 않는다. 그건 신화에 불과하다. 당연히 수필에도 그런 애증이 실려야 한다.

> 사람은 이슬과 장미꽃만 먹고 살 수 없다. 곱고 바르고 정숙한 것만이 아름답다고 생각하는 단선주의單線主義를 나는 우습다고 생각한다. 추하고 비굴하고 참혹한 이야기 속에 인생의 진실이 담길 때 그것이 아름답다는 것을 우리는 이미 알고 있는데, 어쩌자고 수필은 늘 이렇게 정제되고 우아하게만 쓰려고 들까.

이 인용문을 쓴 김서령은 강호형의 <부부>를 가슴에 따뜻한 물이 스며드는 글이라고 칭찬한다. 물론 나도 공감한다, 그러나 우리는 '생활인으로서의 열등생'과 같이 평생을 살아온 아내의 가슴에 고인 '찬물'도 잊지 말아야 할 것이다. 현실은 따스한 가슴보다는 명철한 머리를 필요로 할 때가 너무 많기 때문이다.

물론 이런 현상은 감성적인 글을 쓰는 모든 수필가들에게 해당되는 말이겠지만.

나와의 만남을 주제로 <우연히 만난 그가>라는 글을 쓰기도 한 김훈동은 이렇게 말한다.

> 사람들은 저마다 아끼는 보물이 있을 것입니다. 제게는 '제가 만났던 아름다운 사람들'이 으뜸의 보물입니다. 산다는 것이 '사람과 사람 사이'의 일로 해석되고 보니, 제게 있어 사람에 대한 사유는 제 호흡과도 다름이 없는 것입니다.

제 주위에 사람이 많은 것을 보고 부러워하는 사람도 있습니다. 어떻게 그런 관계일 수 있는가를 물어오는 이도 있습니다. 그러나 세상에서 귀한 보물을 얻는 일이 저절로 이루어지는 법이 있겠습니까. 이런 말을 하고 싶습니다. 아름다운 관계만을 볼 것이 아니라 그들과 나눴던 고통, 아픔, 슬픔 그리고 작은 기쁨을 눈여겨 봐야 할 것이라고 말입니다.

좋은 글은 가슴과 머리, 이상과 현실, 긍정과 부정, 따스함과 냉혹함, 평화와 투쟁의 두 날개를 갖는다.

| 참고 문헌 |

공덕룡, 《수필공원》 1990년 봄호.

김서령, 《수필공원》 1996년 봄호.

김태길, <어떤 수필이 좋은 글인가>.

김태길, <어떤 수필이 좋은 수필인가>, 《수필문학의 이론》, 춘추사, 1991년

김훈동, 《사람과 사람 사이》, 미리내, 1996년 P8

이정림, 《시간이 보이는 창》, 범우사, 1991년

하길남, 《수필문학》, 1993년 7월호.

황필호, 《사랑은 질투가 아니다》, 자유문학사, 1991년

황필호, <사람 사랑의 근거는 무엇인가>, 《수필공원》, 1998년 봄호

황필호, <수필은 역설이다>.

| 강호형론 |

강호형의 인간과 수필

—'촌놈'적 기질과 낭만의 세계

박재식

1.

눈 덮인 산촌에 《수필공원隨筆公苑》에서 원고청탁서가 날아왔다. 제목은 <강호형의 수필세계>이고 제15회 현대수필문학상의 특집 원고라고 한다. 그러니까 수상자 강호형에 대한 평문을 나더러 쓰라는 얘기다. '강호형의 수필세계'라면 이번에 수상 대상이 된 그의 첫 수필집 《돼지가 웃은 이야기》(지인당)의 책 끝에 그와 친교가 깊은 '탤런트 교수' 황필호 박사가 <평범 속의 비범>이란 제하에 매우 극명하게 해설한 바 있으므로 내처 황 교수에게 맡겨 간추리게 하는 것이 손쉽고 온당한 일일 터인데, 그 부역이 새삼스럽게 나에게 떨어진 것은 나와 강호형 사이의 어떤 인연을 감안한 편집자의 마련이 아닌가 싶다.

9년 전 이맘때 미당未堂 서정주徐廷柱 선생이 창간한 종합 문예지 《文學精神》에서 뜻하지 않게도 나에게 신인 추천작품의 수필 부문에 대한 심사를 위촉해 왔다. 무슨 전차로 한다 하는 수필 대가들을 두고 제 앞가림도 변변히 못하는 나에게 이런 과람한 과업이 주어진 것인지 헤아릴 새도 없이 우쭐한 생각으로 맡아버렸다. 그러나 막상 맡아 놓고 생각하니 맹랑한 일이 아닐 수 없었다. 명색이 수필가로 행세하면서 처음 당하는 일일뿐더러 나의 어쭙잖은 안목이 한 사람의 신인을 추천한 결과에 대해 두고두고 뒤따를 책임을 생각하면 참으로 아찔한 노릇이었다. 그래서 나는 예심을 거쳐 넘어온 원고 뭉치(10여 명이 낸 40여 편으로 기억된다.)를 펴놓고 마치 수험생이 문제지에 달라붙듯 바짝 곤두선 긴장 속에 이들 작품과 며칠 동안 씨름을 벌인 끝에 두 사람의 수필을 뽑아 올렸는데 그중 하나가 강호형의 <눈>이었다. 그때 심사평에서"좀 미흡한 데가 있지만…." 하는 거드름을 피웠던 기억도 난다.

그런데 그 후로 강호형이 수필문단에서 벌여놓은 작품 활동의 실속은 내가 여기서 중언부언할 나위가 없겠다. 어느 역량 있는 여류 수필가는 수필지를 받으면 그의 작품부터 먼저 찾아 읽는다고 할 만큼 새록새록 발표되는 그의 작품에 대한 문단적 관심과 반향은 대단하였다.

그의 경우 '괄목할 발전'이란 말은 도리어 무색한 표현이고, 그는 천부적으로 중량급의 자질과 역량을 타고난 수필가였던 것이다. 이것이 나의 과장된 평가가 아닌 것은 우리 기행수필사상 상허尙虛 이태준의 <만주기행滿洲紀行>에 버금갈 만한 수확인 대작 <가슴으로 본 중국>으로도 능히 입증할 수 있는 사실이다. 그러나 우연한 인연으로 그의 등단에 관여했던 나로서는 망외의 대어를 낚은 셈이 된 것이다.

그 강호형이 당연한 일로 마침내 권위 있는 수필문학상을 타게 되었고 그에 따른 평문을 내가 쓰게 되었으니 감회가 남다르게 깊지 않을 수 없다.

2.

황필호 교수는 예의 <강호형론>에서 그의 인간적인 특징을 '촌놈 술꾼'이라고 했다,

> 조그만 키, 말할 때마다 벌름거리는 펑퍼짐한 코, 언제나 술에 취한 듯한 희미한 눈동자…. 그는 한마디로 영락없는 촌놈이다. 느릿느릿한 걸음걸이도 그렇고 사람을 만나 악수를 하면서도 상대방의 얼굴을 정면으로 보지 않는 것까지 촌놈 중에 촌놈이다.

—황필호, <평범 속의 비범>에서

이것은 누구나가 강호형을 대하였을 때 그의 외모와 행동거지에서 받는 '촌놈'적 인상이다. 시쳇말로 '세련되지 않았다.'는 얘기이다. 그러나 그를 자주 대할수록 그의 외형이 그의 개성과 내면적인 진실을 표징하는 트레이드마크임을 알게 된다.

빤질빤질하게 닳은 도시 풍토에 융합되지 못하는 질박한 기질, 있는 그대로 꾸밀 줄 모르는 수더분한 성격, 용렬한 타산보다 항상 정이 앞서는 넉넉한 마음, 그러면서도 경우에 틀리거나 뱀이 꼬이는 일을 보면 그냥 참고 넘기지 못하는 오기 같은 것이 '촌놈'의 원형질이라면 강호형은 그와 같은 인품의 소유자인 것이다.

그러나 황 교수 말마따나 요즘은 촌놈이 오히려 그리운 시절이다. 그런 촌놈은 시골에서도 찾아보기가 어려운 세태인 것이다. 그러니까 강호형 그는 촌놈이 그리운 세상에서 촌놈의 원형질을 지니고 못내 촌놈을 그리워하며 살아가는 도시 속의 외로운 촌놈인 셈이다. 따라서 그의 문학도 이 '촌놈'적인 기질과 낭만이 기조가 되어 하나의 작품세계를 형성하고 있다 해도 별로 어긋나는 관측이 아닐 듯하다.

조약돌을 간질이는 시냇물 소리, 덕석을 벗어버린 어미 소가 송아지 부르는 소리, 주인들은 일터에 나가고 삽살개마저 오수에 빠

> 져 텅 빈 마을에서 낮닭 우는 소리…. 고치 속에 죽은 듯 움츠리고 있던 번데기 겨드랑에 날개 돋는 소리도 들려올 것만 같다.
>
> —<봄이 오는 소리>에서

이것은 그가 어느 봄날 언덕에 앉아 '봄이 오는 소리'를 현실의 풍경에서가 아닌 상상의 감성으로 듣는 대문이다. 모두가 그의 정서 속에 배인 어린 시절의 시골 풍경이다. 그러나

> 속진俗塵으로 찌들어 버린 심성에 봄빛은 이다지도 벅찬 축복일까? 깔고 앉은 쑥부쟁이가 살려 달라고 비명을 지르는 것 같다. 나는 이제 다시 도시의 잡답雜沓 속으로 돌아가야 한다.
>
> —위의 글에서

하고 도시 속에 사는 '촌놈'의 허망한 심정을 토로한다. 쓸쓸히 언덕을 내려가는 '촌놈'의 뒷모습이 눈에 선연한 작품이 아니겠는가. 그래서 그는 "지금은 팔당호에 잠기고 없는" <우리집>을 그리워하기도 하고, 봇도랑에서 친구와 메기를 잡던 옛 고향을 생각하며 향수를 달래는 것이다.

강호형의 진면목은 세속과 타협하지 못하는 "촌놈"적인 기질에 있고 그것이 뼈대가 되는 작품에서 그 진가가 드러난다. 그는 주위의 친구

들로부터 '강 선비'로 통한다. (<흑싸리 껍데기>). 남산골 '딸깍발이' 선비에 비견한 호칭일 터이다. 생활 무능력자로 가난 속에서도 실속 없는 체신만 차리는 위인이 '딸깍발이' 선비이다. 그래서 그의 아내도 그를 가리켜, "먹고 사는 일은 바보스러울 정도로 양보하면서, 싸워봐야 잇속은커녕 망신이나 당하기 십상인 잦단 일에는 목숨을 걸고 덤비는 위인"(<七八青春>)이라고 치부한다. 정글의 법칙이 지배하는 도시의 누항에서 '촌놈' 기질을 버리지 못하는 '강 선비'가 생활 전선의 낙후자가 될 것은 어쩔 수 없는 일이다. "말초적인 정보에 매달려 동분서주하는 사람들이라야 더 많은 것을 차지할 수 있는 세태"(<돼지해에 바라는 것>)에 적응할 수 없는 현대의 선비이기 때문이다.

그러나 그의 수필은 예나 이제나 사색과 명상을 먹고 사는 선비의 몫이다. 강호형이 만약 남들처럼 '돈 버는 일'에 영악했던들 오늘의 수필가가 되지 못했을 것이며, 됐다 하더라도 '세상을 가슴으로 보는'(황필호, 앞의 글) 진국의 글은 쓰지 못했을 것이다.

> 안주가 타겠다는 주모의 채근에 소주잔을 기울이면서도 나는 자꾸 정류장 쪽으로만 시선을 보냈다. 아까부터 전주 밑에 연잎처럼 덮여 있는 파란 우산 하나가 마음에 걸리던 것이다. 우산 속에는 오누이인 듯한 어린 소녀와 소년이 쪼그리고 앉아 먹이를 기다리는 제비새끼들처럼 목을 길게 빼고 버스가 나타날 쪽을 바라보고 있

다. 몇 대의 버스가 더 지나가고 정류장에는 인적도 뜸해졌건만 아이들이 기다리는 사람은 좀체 나타나지를 않는다. 그럴수록 나는 아이들이 맞이할 사람의 정체가 궁금했다.

소주 한 병을 다 마셨는데도 아이들은 여전히 기다리고만 있다. 과한 줄 알면서도 한 병을 더 시킨다. 나의 거동이 이상했던지 주모가 포장을 들치고 밖을 내다보더니 낭패한 표정이 되어 뭐라고 아이 이름을 부른다. 아이들이 화들짝 놀란 표정으로 주모를 본다. 주모가 이리 오라고 손짓을 한다. 아이들이 포장마차에 들어서기를 기다려 주모는 펄펄 끓는 국솥에서 꼬치안주 두 꼬치를 건져 아이들 손에 하나씩 들려준다. 예쁘고 똑똑하게 생긴 아이들이었다. 두 아이가 '고맙습니다.'를 합창하고는 더운 김을 후후 불어내며 그것을 먹고 있을 때 버스가 와 닿고 이어 큼직한 고무 함지박을 든 여인 하나가 내렸다.

"엄마다!"

—<정류장에서>에서

어디 갔었느냐는 제 엄마의 물음에 울먹이는 소리로 ,

"재규네…."

했다. 재규라면 두꺼비집을 같이 짓던 바로 그 아이인데, 줄곧 그림자처럼 붙어다니더니 오늘따라 혼자 온 것이 이상했다.

"그런데 왜 혼자 왔어?"

"재규 이사 갔어!"

재규가 이사를 간 것이 내 탓이기 라도 하다는 듯 사뭇 볼멘 소리였다. 그러고 보니 이사 가는 친구를 떠나보내고 온 모양이었다.

"어디로?"

"안-양-으-루…."

아이의 눈에 고였던 눈물이 넘쳐 주루루 흘러내리며 울음을 터뜨린 것을 신호로 딸과 아내의 눈에도 물기가 배어났다. 천지간에 귀한 물건이라고는 없던 아이의 가슴 속 어느 구석에 저토록 소중한 것이 숨어있었단 말인가. 아이 가슴 속에서 일어난 소용돌이가 내 가슴으로 퍼져오는 걸 고스란히 받아들일 수밖에 없었다. 너무나도 일찍 이별의 아픔을 견디고 있는 아이가 안쓰러워 슬그머니 수저를 놓고 말았다.

가여운 것!

—<덮어주기>에서

앞의 인용문은 눈 오는 날 밤 포장마차에 앉아 정류장 풍경을 내다보면서 작가의 가슴에 머문 장면의 한 토막이고, 뒤의 것은 친구를 이별한 어린 아들의 슬픔이 작가의 가슴에 전이된 사연의 한 대문이다. 추위 속에 엄마를 기다리는 어린 남매에게 따뜻한 음식을 먹이는 주모(그의 작품에는 촌 아낙네 같은 인정이 무던한 주모가 자주 등장한다.)의 소박한 인심이나, 어린 자식의 애처로운 마음을 촌탁하는 부모의 심정은 흔히 보고 느낄 수 있는 소재이지만, 현실에 영악한 작가의 에스프리로는 이처럼 그 진실이 가슴에 와닿게 문학으로 형상화시키기는 간대로 할 수 없는 경지의 글이다.

그렇다고 강호형이 아예 돈 버는 재주가 없는 생활 무능력자는 아니다. 다만 돈이 영웅으로 행세하는 세상의 부조리와 타협하지 못하는 성미(<우리 시대의 영웅>)와 "돈으로 살 수 없는 것이 많을수록 좋은 사회가 된다."(<넋두리 경제학>)는 가치관 때문에 안빈낙도의 삶에 자족할 뿐인 것이다. 한때 그는 "가구 하나 없는 썰렁한 방을 혼자 지키고 있을 신혼의 아내"를 남겨둔 채 허생許生처럼 객지로 장사 길에 나섰다. 돈을 벌어 잘살기 위해서가 아니라 가난한 아이들 가르치는 고등공민학교를 운영하다가 짊어진 빚을 갚기 위해서였다. '강 선비' 그는 비록 가난할망정 남에게 신세나 빚을 지고 그냥 배기지 못하는 촌놈기질의 소유자인 것이다. 그가 한 일은 왕복 일곱 시간이 걸리는 K시에서 동대문 시장까지 "한 달에 두 번 만 쉬고 매일 왕복"하는 고된 행상이었다. 이렇게 하여 8년여 만에 빚을 모두 갚게 되자 "장사를 계속했다면 상당한 돈을 벌었을지도 모를" 그 일을 걷어치우고 돌아온다. "빚의 굴레에서 벗어나니 이상하게 마음이 허전"했던 것이다. (<바다의 묵시록>, <수필과 나> 참조), 빚을 다 갚고, 모처럼 가난에서 벗어난 그에게 찾아온 허탈감의 정체는 무엇이었을까. 그것은 "돈보다 더 가치 있는 것을 추구하며 사는 사람이 진짜 부자"(<부자가 되는 길>)라고 믿는 그의 인생관에 비낀 그림자 같은 허무의식일 터이다.

3.

강호형의 수필세계를 미진한 대로 그의 "촌놈"적 특성에 조리개를 맞추어 보았지만, 물론 이것은 한정된 지면에서 시론한 관견에 불과하다. '술꾼'으로서의 정리와 풍류와 보헤미안적인 세계에 앵글을 돌리더라도 얘깃거리는 많다. 그뿐만 아니라 해학이 넘치는 세태 풍자나 문명비평적인 요소도 그의 작품세계에서 빼놓을 수 없는 음미 대상이 된다. 무엇보다도 아쉬운 것은 강호형 수필의 최대 강점이라고 할 수 있는 입심 좋은 문장과 깜찍한 구성 기법을 챙겨보지 못하고 넘어가는 일이다.

하지만 이런 추임새들이 다 무슨 소용이 있겠는가. 작가는 작품으로 말한다고 했으니 강호형 수필의 진수는 작품을 읽고 가슴으로 느낄 밖에는 없는 일이라 하겠다.

| 강호형론 |

내가 강호형의 수필을 읽는 이유

정진권

강호형姜浩馨의 수필을 읽고 나면 슬그머니 배가 아파 온다. 사촌이 땅을 사면 이럴까? 나는 나보다 더 잘 쓴 글을 보면 은근히 배가 아파 오는 못된 병이 있다.

"그럼 읽지 말지 그래?"

그런데 그게 마음대로 되지 않는다. 읽고 나면 배 아플 줄 뻔히 알면서도 또 읽고 읽고 하는 것이다. 왜 그럴까? 나도 모르겠다. 그러나 몇 가지 짐작은 해볼 수 있을 것 같다.

내가 강호형의 수필을 놓지 못하는 것은 우선 그 문장 때문이 아닌가 싶다. 수필은 문장 맛에 읽는다는 말이 있거니와 호응이 깨진 문장,

배배 꼬인 문장, 이런 문장을 만나면 나는 숨이 막힌다. 그러나 강호형의 문장은 시원시원하다. 자 보자.

> 이름난 음악가들의 연주가 청중을 사로잡는 것은 명기名器와 명기名技가 기막힌 조화를 이루는 데서 오는 결과일 것이다. 실제로 피아니스트나 바이올리니스트가 어느 악장에서 눈을 지려감은 채 전율하듯 절규하듯 격정적으로 각기에 탐닉하는 모습은 가히 영혼의 오르가즘 바로 그것이라고 밖에는 달리 표현할 방법이 없다.
>
> —명기名器와 명기名技 중에서

참으로 시원시원 막힘없는 흐름이다. 강호형은 이 흐름 위에 독자를 태우고 자신의 체험과 상상, 사상과 정서의 세계를 하나씩 하나씩 보여준다. 독자로서는 더없이 행복한 여행이다. 그러나 그의 세계가 아무리 경이롭다 할지라도 만일 그가 이 막힘없는 운반 수단을 제공하지 못한다면 나처럼 인내심 없는 독자는 중도에 여행을 포기하고 말 것이다. 강호형의 수필을 대하면 수필은 문장 맛에 읽는다는 말을 실감하게 된다.

다음으로 내가 강호형의 수필에 끌리게 되는 갓은 그 유머 때문이 아닌가 한다. 그의 유머는 위트와 결합되어 언제나 빛이 난다. 한 예를 들어보자. 이것은 그가 총각 시절 충청도 어느 산골로 장가들러 가는 친구 따라가서 겪은 일을 기록한 것이다.

신랑은 워낙 술을 좋아하는 사람이었지만, 작심하고 나선 마을 청년들의 술잔 세례를 당해내기는 어려웠을 것이다. 별수 없이 곤드레가 되어 걸음걸이가 갈지자로 엉키는데도 때가 되자 신통하게 신방으로 들어서는 걸 보니 '본분'을 잊지는 않은 모양이었다.

젊은 남녀의 침실을 엿보는 것은 당사자들보다 엿보는 자의 가슴이 더 뛰기 마련이다. 목마른 사람이 샘 줄기 후비듯 문구멍을 뚫던 몇몇 마을 아낙들은 하마터면 기절을 할 뻔했다. 갑자기 신랑의 고함소리가 터져 나온 것이다.

"야, 거기 누구 없냐?"

듣고 보니 신랑이 반말지거리로 찾을 사람이란 친구 일행뿐일 것이 분명했다.

"왜 그래?"

"너 빨리 들어와서 이 옷고름 좀 풀어 줘!"

입가에 야릇한 미소를 머금은 채 숨을 죽이고 있던 마을 사람들이 폭소를 터뜨렸다. 신부의 옷고름을 꽁꽁 옹쳐매 놓고 신랑의 국량을 시험하고 있었던 것이다.

—<옷고름과 지퍼> 중에서

이런 글을 읽노라면 자신도 모르는 사이에 미소를 짓게 된다. 삶에 지친 우리들 보통사람들에게 있어서 이것은 얼마나 행복한 일인가. 갑자기 심신이 가벼워짐을 느낀다. 강호형의 수필집을 펼치면 이런 유머러스한 장면을 많이 만나게 된다.

나는 그의 수필 <가마우지>를 읽으면서 (이 글은 결코 가벼운 주제가 아닌데도) 실성한 사람처럼 혼자 싱글싱글 웃은 일이 있다.

강호형은 이처럼 독자로 하여금 미소를 짓게 하지만 또 한편으로는 콧날이 시큰하게도 만든다. 내가 강호형의 수필에서 헤어나지 못하는 이유 중의 하나가 여기에 있지 않은가 한다. 다음은 그 한 예다. 지금 장성한 손자(강호형)가 할머니를 업고 개천을 건너 할아버지 산소엘 가고 있다.

"할머니. 할아버지 보고 싶어?"

…중략…

"보고 싶긴, 그까짓 영감탱이가 뭬 보고 싶으냐!"

"거짓말…. 옛날에 할머니가 어지럽다고 하면 할아버지가 쇠족두 사오구 지라두 사오구 그랬잖아?"

"그까짓게 대수냐? 내가 그 영감한테 한 게 얼만데…."

"그런데 산소엔 왜 가?"

"그래두 죽으니까 불쌍하구나…."

그렇게 찾은 산소에서 할머니는 기어이 눈물을 뿌리며 나 언제

데려갈 거냐고 몇 번이나 다그치고서야 돌아섰다. 돌아오는 길에도 나는 할머니를 업어 건넸다

—<업어주기> 중에서

눈물을 뿌리며 나 언제 데려갈 거냐고 다그치는 할머니의 모습이 애처롭게 떠오른다. 그의 수필에서 눈발 속으로 사라지는 한 노인의 모습(<정류장에서>)을 보았을 때, 눈에 눈물이 고인 아내의 모습(<부부>), 살림을 차리러 떠나는 창녀 세 식구의 모습(<20세기의 전설>)을 보았을 때도 나는 콧날이 시큰했다.

내가 강호형의 수필에 매달리는 이유는 이 밖에도 더 있을 것이다. 가령 풍부한 이야깃거리, 놀라운 발견(해석), 이런 것 들은 언제나 매력적이었다. 그러나 지면이 다했으므로 그의 수필을 사랑하는 독자 여러 분들께 맡긴다.

"별것 아닌 것들도 강호형의 손을 거치면 수필이 된단 말이야, 거 참…."

언젠가 이응백李應百 선생께서 강호형의 글솜씨를 찬탄하신 말씀이다. 그 때도 나는 배가 아팠었다. 그러나 선생님의 이 말씀에 동의하지 않을 수가 없다.

| 강호형론 |

서사구조로 직조된 인간애

—강호형 《정류장에서》를 중심으로

정여송

1. 서론

수필은 인간의 삶과 불가분의 관계를 가진다. 글쓰기의 본향은 삶을 가꾸는 데 초점이 모아져야 하고, 삶을 가꾸는 수필 작업은 문학을 이상으로 삼을 때라야 현대인의 욕구뿐만 아니라 문학의 본령에 다다르게 된다. 이는 문학이 인간을 위해 존재한다는 의미다.

또한 수필은 인간의 내면성을 강조한다. 그 이유는 인간 본질 자체의 속성이 인간 내면에 존재하고 있기 때문이다. 따라서 수필 속의 모든 재료는 인간의 상관물이며 인간 자신이 투영되어 있다. 작가의 일상적 그림자가 소상히 드리워지는가 하면 정서를 움직이는 그리움과 기다림이 녹아 있다. 또한 분노를 풀어 헤치는 지혜가 있고 패배를 딛고 일어서는 용기와 절망을 이겨내는 희망도 있다.

강호형의 수필에는 이러한 가치를 구현해 내는 근원의 힘이 내포되어 있다. 그의 글맛은 거창한 주제나 경이로운 소재에 있지 않고 화려한 문장에 있는 것이 아니다. 그저 대상을 너그럽게 바라보는 관조의 눈 속에 있으며 가슴속 깊은 곳에 쟁여 있는 인간애가 독자의 눈을 자극하면서 완성되는 데 있다. 이는 남다른 통찰력으로 자신의 심미적 안목을 드러냄이다.

《정류장에서》는 4부로 나눠져 있다. 1부에는 가족에 대한 이야기가, 2부와 4부에서는 대체로 이웃사람들에 대한 이야기가, 3부에서는 자신의 어릴 적 이야기로 구성되어 있다. 결국 휴머니즘을 축으로 하는 아름다움을 주제와 결부시켜 잘 관조해 내었고, 이야기 자체가 사실적이며 문장에서의 표현도 거침이 없다. 나아가서는 반전을 적용하여 강조성을 나타내는 특징을 보이기도 한다.

2. 서사구조 속의 감동

수필은 사실을 바탕으로 하나 그것을 문학적으로 표현하는 것이니

만큼 일상의 삶을 문학적으로 승화시키는 일이라 할 수 있다. 따라서 제재의 다양성을 그려내는 특성을 지닌 수필의 세계는 주로 일상이다. 그중에서도 주를 이루는 것은 사람에 대한 이야기다. 수필을 그리고자 함에 있어 가장 먼저 사람을 생각한다는 점에서 큰 의미를 찾을 수 있다.

그것은 사람을 통해 배우기도 하고 반성하기도 하며 사람답게 살아가는 방법을 터득하기 때문이다.

강호형의 수필 역시 사람들의 이야기를 사실적으로 그려 놓았다. 그가 서사구조에 의한 수법을 택한 이유는 수필의 건조성으로 인해 독자들이 읽는 재미를 박탈한다는 사실을 직시한 데에 있다. 또한 그는 표현이 미숙하거나 분식이 지나칠 때에도 읽는 재미가 없다는 것을 간파하였다. 그래서 자신이 나타내고자 하는 메시지를 가장 잘 소화할 수 있는 기법을 선택함에 있어 서사적 수법을 취한 것이다. 서사구조는 의미화의 부재로 인해 문학성의 악화를 초래하기도 하지만 쉽게 읽혀진다는 것에 대한 장점이 있는 까닭이다.

> 궁즉통이라던가, 마침내 동지 하나가 나타나기는 했다. 그러나 그 절망적인 상황에서 만나게 된 동지는 너무나도 어렸다. 버스 앞쪽 의자 옆구리에 기대섰던 예의 열 살 남짓한 소년과 눈길이 부딪쳤던 것이다.

분노에 찬 두 눈과 꼭 다문 입이 금방이라도 덤벼들 듯한 기세로 그 대낮의 무법자를 노려보던 소년—그도 의협심과 무력감의 틈바구니에서 심한 갈등에 시달리고 있음이 분명했다. 그러고 보니 소년은 주먹도 불끈 쥐고 있었는데, 야멸찬 표정이며 그 앙증맞은 주먹이 경황 중에도 웃음이 날 지경이었다. 그렇게 잔뜩 노려보던 소년은, 그러나 나와 시선이 마주치는 순간 반짝하는 눈빛 한 줄기를 보내고는 이내 울상이 되어

애원하듯 나를 채근하지 않는가. 말을 하지는 않았고, 말을 할 수도 없는 상황이었지만 나는 소년의 소리를 들을 수 있었다. 그리고 그 소리를 듣는 순간 지금까지 나를 괴롭히고 있던 무력감, 열패감, 그리하여 더러운 이기심에 안주하려던 자신에 대한 혐오감을 도저히 더 견딜 수가 없었다.

—<소년> 중에서

강호형은 강도 행각이 벌어지고 있는 버스 속 상황에서 한 어린 소년으로 하여금 생각을 바꾸고 행동을 불사하게 된다. 좌석을 다 메운 승객들은 한결같이 "숨이라도 크게 쉬면 화가 곧 자신에게 돌아올"까 두려워 불의에 대해 철저한 방관자가 되고 있다. 그러나 그는 "평소에 혈압을 걱정하는 일이 없었는데도" 웬일인지 모르게 "목 뒤가 뻣뻣해지는 것을" 느끼고, "목이 타고 가슴속에서는 걷잡을 수 없는 방망이질"이 멈추지 않는다. 이는 일말의 정의감과 양심이 살아있다는 증거

다. 까닭에 그는 무법자를 밀어붙이는 책략을 강구하게 된다. 그러나 그는 곧 이 모든 것을 여남은 살 먹은 어린아이로부터 전달받은 정의감이라고 고백한다.

자기를 낮춤으로 해서 돋보이는 아름다운 정신이다. 작가의 마음으로 하여금 독자를 포용하게 되는 넓은 공간이자 부피이다. 이야기를 듣던 아내와 딸의 대경실색에도 의연할 수 있었던 것 또한, 현대인들의 특징적인 "무력감과 열패감", 그리고 "더러운 이기심"으로부터 탈피할 수 있었기 때문이다.

<소년>은 어떤 사실을 단순히 전하는 데서 끝나는 이야기가 아니다. 사건이 갖는 의미를 보다 심화해서 진정한 의미의 폭을 확장하는 데 가치를 두고 있다. 또한 다루고자 하는 것이 대상에만 국한되지 않고 체험에도 비중을 두어 정의감을 각인시킨다. 서사구조를 통한 공감대 형성과 극적효과의 연출이 돋보인다.

3. 애주가의 절개와 그 해학

음주는 정신적인 자유를 가져다 준다. 취한 상태에서는 일종의 만족감과 자유로움을 느낀다. 정신적인 환락 상태에서 자연이나 생명, 인생, 사회에 대한 느낌과 깨달음을 완성하게도 된다. "석 잔이면 큰 도가

통하고 한 말이면 자연과 합쳐진다(三杯通大道, 一斗合自然)"는 이백의 <독작>이 증명이라도 하듯 만구를 무언케 한다. 술에 취한 상태에서 주체와 객체가 하나 되어 몰아일체의 경지에 들기도 하고, 세속에 구애받지 않으며, 내재적인 정신에 의탁하여 고도의 철학적 깨달음을 얻기도 한다. 그래서 사람들은 술을 좋아하게 되고 사랑하게 되는 것이다.

강호형의 술에 대한 사랑은 남다르다. 그는 인생의 희로애락을 술과 함께하였고 술을 통해 자신의 감정과 감흥을 극대화하여 문학작품으로 승화시켰다. 술은 그의 생활과 떼려야 뗄 수없는 필수품이 되었다.

> 나는 할아버지 진지상 머리에서, 할아버지가 손자 사랑 겸 주도 훈육酒道 訓育의 일환으로 한 모금씩 하사하시는 그 술 맛에 이미 길이 들어 있었을 뿐 아니라, 날이 갈수록 그 양이 너무 적게 느껴져서 감질이 나던 터였으므로 모처럼 갈증을 풀 호기를 잡은 셈이었다. 얼마나 퍼 마셨던지는 기억에 없다. 술독을 덮어 놓고 돌아서는 순간 방바닥이 불끈 솟구쳐 올라 내 이마에 와 부딪쳐 쓰러졌고 일어서 보려고 안간힘을 쓸 때마다 방바닥이 요동을 치는 그 요술나라 같은 방에서 몇 번 더 코방아를 찧다가 정신을 잃었던 기억뿐이다. 그만하면 어지간히 혼이 난 셈인데도 정나미가 떨어지기는커녕 갈수록 맛을 들여, 60년을 한결같이 마셔 왔으니 그걸로만 따지자면 무애无涯 선생에 뒤질 것도 없다는 생각인 것이다.
>
> —<주노설酒奴說> 중에서

강호형의 주량은 이백과 버금가며 "수주樹州, 무애无涯, 신곡新谷 선생"과 어깨를 겨루는 대주객이다. 그의 작품 중 술을 소재로 한 여타 작품들을 살펴보면 그는 대작할 상대 없이 혼자서 사색에 잠기거나 고민을 해소하는 독음獨飮을 즐기는가 하면, 유쾌한 분위기에서 친구들과 교제를 이루는 회음會飮도 좋아한다.

그는 술을 통해 미물에 불과한 인간존재에 대한 무상함을 생각하고, 득의했을 때의 즐거움을 만끽한다. 근심을 해소하기도 하고, 인생의 부침浮沈과 사상적 굴곡에 의한 삶의 노래를 듣는다. 술을 마시면서 한없이 흘러가는 세월 앞에서 무기력한 인간의 모습을 발견하기도 하고, 술에 취하면서 탈피하기 어려운 속세의 굴레를 벗어나는 자유인이 되기도 한다. 결국 그가 애주가가 된 동기는 술을 떼지 못하는 연유가 된다. 술에 대해 지독한 절개를 지키다가 그만 주노酒奴가 되고 말았다는 너스레에서 해학성을 발견할 수 있다.

비록 주노가 되었을지라도 그에게 있어 술은 정신을 흐리게 하거나 판단력을 잃게 하는 법이 없다. 오히려 진솔한 속마음과 울음과 웃음을 자유분방케 해 주는 촉매제로 작용한다. 따라서 그는 창작할 때도 술의 힘을 빌리는 까닭에 음주에 대한 예찬론을 설파하는 것이다. <주노설>은 술을 마시지 못하는 사람도, 술에 대해 아는 바가 없는 사람도, 술을 좋아하지 않는 사람까지도 잠시나마 풍류객으로 만든다. 만연체의 문장인데도 불구하고 물 흐르듯 웃음이 있고 흥이 있다.

4. 수필의 본령, 인간사랑

훌륭한 수필은 독자의 가슴을 움직일 수 있는 힘을 가지고 있다. 그 힘은 인간을 이해하고, 이해의 범위를 확충하려는 노력에 의해 얻어진다. 이는 평소 마음에 녹아있는 인간에 대한 정이 두텁지 않으면 어려운 일이다. 더구나 눈에 보인다고 모든 것이 지각되고 인식되는 것이 아니기 때문에 관심과 애정이 두터워야만 한다.

강호형은 누군가를 위한 희생과 남을 위한 거룩한 인간의 본성을 작품 속에 용해시킴으로써 인간적 체취를 승화시켜 나가고 있다. 삶을 새로운 감동으로 발아시켜 내고자 하는 그의 수필 행위는 사람을 향한 애틋함을 문학적으로 그려내는 일이다. 여기에는 반드시 그가 삶의 가치나 의미에 대해 따뜻한 시선과 마음을 가지고 있다는 점이다. 그의 따스한 시선과 마음은 문학으로서 형식미나 정서적 표현을 떠나서 중요한 의미를 지닌다. 그것은 수필이 정의 문학이라는 속성에 값하는 일이기 때문이다.

> 소주 한 병을 다 마셨는데도 아이들은 여전히 기다리고만 있다. 과한 줄 알면서도 한 병을 더 시킨다. 나의 거동이 이상했던지 주모가 포장을들치고 밖을 내다보더니 낭패한 표정이 되어 뭐라고 아이 이름을 부른다.

-중략-

똑똑하게 생긴 아이들이었다. 두 아이가 "고맙습니다."를 합창하고는 더운 김을 후후 불어내며 그것을 먹고 있을 때 버스가 와 닿고 이어 큼직한 고무 함지박을 든 여인 하나가 내렸다.

"엄마다!"

두 아이가 동시에 소리치며 내닫는데 그 소리가 얼마나 생기가 있고 신선했던지, 잠시 이런저런 상념에 빠져 있던 나까지 정신이 들었다.

—<정류장에서> 중에서

강호형은 포장마차에서 독작을 즐기며 정류장 풍경에 눈을 판다. 결국 파란 우산 속에 쪼그리고 앉아 누군가를 기다리는 어린아이들을 발견한다. 몇 대의 버스가 지나가도 아이들이 맞이할 사람이 나타나지 않자 '누구일까?'를 유발하며 독자와의 동행을 유도한다. 그는 두 아이의 아버지가 "암을 앓다가 가산마저 탕진하고" 삶을 마감했다는 이야기에 마음이 무겁고 아프다. 그래서 "술기운이 꽤 올랐는데도" 자리를 뜨지 못하고 있다. 그는 분명 생계유지를 위해 장사 나간 엄마와 그 엄마를 기다리는 아이들의 행복을 빌었을 것이다.

<정류장에서>는 화자의 진솔한 소망과 함께 삶에 대한 의미를 다독이는 존재의식의 천착이 엿보인다. 내가 사랑하고 아끼는 것을 타인과

같이 공유할 수 있는 마음, 그 속에 정이 있다는 통찰을 통해 이상과 현실의 부조화를 통합한다. 작가의 그 예지는 독자의 메마른 공명상자를 울리기에 손색이 없다. 다만 아이들의 엄마를 지칭하는 "여인 하나"는 '여인이'라고 표현해야 함이 옳을 것이다.

그런가 하면 <가마우지>를 통해서 들려주려는 요지는 힘든 가장들을 향한 애정이다. "아내에게 충성하고 자식에게 효도하려고 오늘도 '바람 부는 바다'로 나가는 '가마우지'들에게 축복이 있을 지어다!"라며 가장들을 위한 최대의 주문을 선포한다. "고달프다고 뽑아 버릴 수없는 나무가 마누라"이며 "떼어 버릴 수 없이 갈수록 애틋해지는 열매가 자식"인지라 마음은 바빠지고 몸이 고달픈 가장들이지만 그래도 힘을 내자는 선창이고 구호이며 외침이다.

강호형이 좋은 수필을 쓸 수 있는 일차적 관심사는 그가 말하고 싶어하는 내용이다. '나'를 내세우기보다 '우리'를 먼저 생각하는 동양적 가치관에서 보면 가마우지들은 이시대의 귀감이 되는 어른이요 아버지가 분명하다.

5. 결론

강호형의 수필은 어떠한 사상이나 심중에 떠오르는 정서를 표현하기 위해서 쓴 글이 아니다. 그 안에 담겨져 있는 내용을 보다 맛깔나게 버무리고 있다. 그러기 위해서는 어떻게 쓸 것인가보다 무엇을 쓸 것인가에 더 중요성의 비중을 두었다고 하겠다.

강호형의 《정류장에서》는 특히 사람들과의 인연의 끈이란 연결 고리를 통해 삶과 실존의 의미를 확인하고 있다. 그는 항상 어느 정도 이격의 거리에서 삶과 사람을 바라본다. 그리하여 수필을 통해 보이지 않는 인간의 내면을 육안으로 바라보면서 서사구조를 통해 근원적인 가치와 본질을 규명하고, 애주가로서의 절개를 노래하며 어떤 형태로든 삶을 견고히 구축해 나가려는 의지를 보여준다. 수필이라는 양식 안에 유한적 존재로서 살아가는 삶에 대한 판단과 영원한 것에 대한 추구, 자기 삶의 성찰, 특히 인간애에 대한 인식을 녹여 놓았다.

그는 《정류장에서》를 통해 삶의 애환 속에 묻어나는 질펀한 이야기를 들려주는가 하면 뚝심을 보여주고, 사람에 대한 기억을 윤기 있게 터치함으로써 효과를 내기도 했다. 또한 그의 작품에는 시대적 현실이 반영된 아픔이 있는가 하면 인간을 인간다운 삶의 행복 속에 곱게 남겨 둘 수 있는 이데올로기를 제공해 주고 있다.

다만 전반적으로 살폈을 때 《정류장에서》는 기억의 유추가 과다한 관계로 주제나 제재의 중복이 종종 발견되었다.

| 인터뷰 |

선비정신을 극복한 실험적 시도로 현대수필문학의 맥을 짚어주는 강호형 수필가

—월간 《한국수필》, 2013년 7월호, 특집

정목일 이사장: 문단에서 선생님을 뵙기도 하고 소식은 종종 듣고 있지만 건강과 근황을 수필가협회 회원들에게 들려주시기 바랍니다.

강호형 수필가: 치아가 다 망가져서 치과병원에 다니는 것 말고는 아프거나 불편한 데 없이 좋은 편입니다. 요즘 제가 주간을 맡고 있는 《좋은수필》의 지하철 판매를 시작하면서 계간에서 월간으로 전환하는 바람에 좀 바쁘게 지내고 있습니다.

정: 《좋은수필》이 바쁜 쪽으로 좋은 일만 일어나니 축하드립니다. 선생은 왕성한 활동과 유명세에 비해 수필등단은 50세가 넘어서였습니다. 일화를 말씀해 주세요

강: 제가 등단한 것이 우리 나이로 쉰한 살 때였으니, 70대에 등단하는 분도 있는 요즘 추세로 보면 늦은 것도 아닌 셈이지요. 물론 대부분의 시인이나 소설가들이 20대에 등단하는 걸 감안하면 많이 늦었지만…. 수필가가 되려고 작정했다면 좀더 일찍 등단했을지도 모르긴 합니다.

수필과 친하게 된 게 70년대 초였는데 지금 생각하면 그게 제게는 운명이 아니었던가 싶어요. 어느 정치가가 무료로 운영하던 고등공민학교를 총선에서 낙방하자 폐교하게 됐는데 얼떨결에 떠맡아서 몇 번의 졸업생을 내는 동안 감당할 수 없는 빚쟁이가 되고 말았어요. 빚쟁이들 등쌀에 학교에 나갈 수도 없게 돼서 학교는 후배에게 맡기고, 저는 장사를 시작했습니다. 장사 밑천이 있을 리도 없으니 규모가 작고 원금 회수가 빠른 보따리 장사라도 해야겠다고 마음먹었지요. 마침 동대문시장에서 복지상을 하는 친구를 찾아가 사정을 했습니다. 그 친구의 도움으로 양장지와 양복지 행상을 시작한 겁니다. 친구의 권유에 따라 군산에 있는 양복점, 양장점을 돌며 옷감 주문을 받아 다음 날 배

달하는 장사라 서울 군산 간을 매일 왕복해야 했습니다. 하루 일곱 시간을 매일 왕복하며 심부름을 하기란 여간 고된 일이 아니었습니다.

차를 타고 있는 시간을 심심치 않게 보내려니 읽을거리를 찾게 됐는데 그때 눈에 띈 것이 관동출판사에서 발행하는 《수필문학》이었습니다. 판형이 작고 볼륨도 얄팍해서 주머니에 넣고 다니기에 편하고 무엇보다도 짤막짤막한 글들이, 오며가며 읽기에 좋아 한 일 년 읽다보니, 수필이 이런 거라면 나도 쓸 수 있겠다는 생각이 들어요.

그런데 마침 그 잡지에는 '독자 란'이란 걸 마련해놓고 아마추어의 글도 싣는 거예요. 갓 난 딸아이 감기 앓는 이야기를, <웃기는 이야기>란 제목으로 엮어 보냈더니 다음호에 실려 나오면서 6개월 무료 구독권까지 주는 거예요. 그렇게 두어 번 재미를 보던 차에 무슨 영문인지 그 잡지가 폐간이 되고 말았어요.

이미 수필에 맛을 들인 터라 헌책방을 드나들며 수필집을 사서 계속 읽기는 했지만 수필가가 되겠다는 생각은 못 했지요. 그 때 이야기를 쓴 것이 졸작 <바다의 묵시록>입니다.

그러는 동안 빚에서 어지간히 벗어나자 세상만사가 다 귀찮아져서 장사를 그만두고 집에서 쉬면서 친구가 하는 도자기요엘 드나들며 붓장난을 하던 어느 날 미당 서정주 서생이 도자기를 만들러 거길 오셨어요. 워낙 유명하신 분이라 잘 알고는 있었지만 직접 뵙기는 처음이었지요. 초벌구이 도자기에 자작시를 써넣으시는 며칠 동안 점심을 같이하고 술도 마셔가며 자청해서 시중을 들다보니 내게서 뭔가 감지되시는 게 있었던지 "시를 써 써보시오. 내가 추천해 줄게." 하시는 겁니다.

미당이 누굽니까, 나는 감격해서 그 일이 끝난 후에도 그 말씀이 뇌리를 떠나지 않던 차에, 선생이 《文學精神》이란 종합문예지를 창간하셨는데 거기 신인 작품 모집 광고가 난 거예요. 불현듯 "시를 써보시오…." 하시던 말씀이 떠올랐어요. 시를 써보라고는 하셨지만 나는 수필에 이미 맛을 들인 터라 수필가가 되기로 결심하고, 자신을 다잡는 의미에서 아내와 친구들에게 미리 "나는 수필가가 될 거다." 공표까지 해놓고 일 년여 만에 수필 세 편을 써서 응모한 것이 당선되어 88년 2월호에 발표되면서 수필가 행세를 하게 됐지요.

정: 수필혁명이라 할 만큼 파격을 시도하여 수필문단에 이름을 올리기도 했지요?(미니수필, 사투리수필, 에로틱한 수필 등등) 자세한 설명을 부탁드립니다

강: '수필 혁명'은 좀 과분한 말씀이고 변화를 시도한 것은 사실입니

다. 흔히 수필은 "무형식이 형식이다." "붓 가는 대로 쓰는 글이다." 하지만 내용을 들여다보면 다른 장르 못지않게 정형화돼 있다는 것을 누구나 느낄 겁니다. 게다가, "수필은 청자연적이다." "수필은 간밤에 마시다가 흘린 주흔이다." 이런 선비의식이 우리 수필계를 지배해 왔다는 걸 부인할 사람은 없을 겁니다. 그러다 보니 타 장르에 비해 시대의 변화에 뒤처져서 서자 취급을 받게 됐지요. 중앙 일간지의 신춘문예나 전통 있는 문예지들이 신인 등용문을 폐쇄하는 등….

이러한 수필의 낙후성을 극복하기 위해서는 실험적인 수필쓰기가 필요하다는데 의견을 같이한 열 분의 문우들이 모여 양재회를 결성하고, 동인지 《수필실험》 창간호를 낸 것이 2007년이었는데, 책이 나가자 중앙 일간지 두 곳에 대형 인터뷰 기사가 실리고 몇몇 지방지에도 소개되는 등, 일개 동인지에 기울여주는 각계의 관심이 뜨거웠습니다.

제가 창간사에서 밝힌, "이제는 수필도 청자연적이 아니라 휴전선에 나뒹굴고 있는 녹슨 철모일 수도, 간밤에 마시다가 흘린 주흔이 아니라 청춘 남녀가 남긴 불륜의 흔적일 수도 있어야한다."는 식의 다소 공격적인 접근방식이 먹혀든 게 아닐까 싶어요.

그 내용에 대해 질문하신 세 가지 중, '미니수필'은 김기림의

<길>이란 수필에서 힌트를 얻어, 원고 매수에 구애받지 말고 자유롭게 써보자는 취지에서 시도해본 것이고, '사투리 수필'은, 우리말 사투리 중에는 정감 있고, 토속적이면서 좋은 음운을 지닌 낱말이 많은데 표준어에 들지 못했다는 이유로 배척되는 예가 많습니다. 어휘란 자꾸 쓰면 활성화되고 푸대접하면 도태되는 생명체 같은 것입니다. 따라서 버려진 좋은 말을 찾아 생명력을 불어넣어 표준어에 편입시킴으로써 우리말을 더욱 풍요롭게 하는 일도 작가의 임무라는 생각에서 시도해본 것입니다. 또 하나 '에로틱한 수필'을 말씀하셨는데, 위에서 지적한 대로 우리 수필이 너무 선비적이기만 해서는 재미가 없고, 급변하는 시대상을 반영하는데도 한계가 있을 수밖에 없다는 생각에서였습니다.

정: 수필쓰기에서 원론적이고 보편적인 이론은 많다고 생각합니다. 선생님만의 수필론이 있다면 무엇일까요?

강: 저는 수필 이론을 따로 배운 적이 없고 수필을 쓰면서 이론의 필요성을 절실하게 느끼지도 않았기 때문에 내세울 만한 저만의 수필론이 없습니다. 굳이 밝혀야 한다면 바로 앞 질문에서 말씀드린 '선비의식 탈피', '실험 정신' 등이 아닐까 합니다. 한 가지, 수필은 무엇보다도 재미가 있어야 한다는 말을 추가해야 될 것

같습니다. 아무리 몸에 좋은 약도 써서 안 먹으면 효과가 없듯이, 아무리 좋은 내용의 글이라도 재미가 없어서 안 읽으면 소용이 없으니까요. 그래서 저는 수필 쓰기를 쓴 약에 당의糖衣를 입히는 작업이라고 쓴 일이 있습니다.

하지만 정말 좋은 수필은 술 같아야 한다고 생각합니다. 쌀, 누룩, 물이라는 지극히 평범한 원료가 발효과정을 거치면 향기로운 술이 되듯이 일상적인 체험이나 사유가 높은 인격의 항아리 속에서 발효-숙성과정을 거쳐 형상화된 것이라야 좋은 수필이라고 할 수 있지요.

정: 문학을 시작하는 후배에게 격려의 말을 부탁드립니다.

강: '문인은 오로지 글로 말해야 한다.'는 문인으로서의 책임감과 자긍심을 지키라고 권하고 싶습니다. 중이 염불에는 관심이 없고 잿밥에만 정신을 팔아서야 되겠습니까?

정: 한국이 아시아에서 유네스코 세계문화유산에 가장 많은 기록문화유산을 가진 나라로 되었습니다(난중일기. 새마을 운동 등) 자부심을 가질 만한 일입니다. 기록과 문학의 관계를 말씀해주시기 부탁드립니다.

강: 문학작품이야말로 가장 위대한 기록 유산이지요. 기록으로 남길 문화유산으로 인류의 진화 과정을 문학보다 더 상세하고 리얼하게 기록한 유산이 어디 있겠습니까. 제가 주간을 맡고 있는 좋은수필사가 기획한 '현대 수필가100인선' 전 100권을 재작년에 완간했습니다만, 저는 그 일을 기획하고 편집책임을 맡아 일하는 동안 보수 한푼 안 받으면서도 후세에 남길 기록 유산을 만든다는 자긍지심으로 들떠 있었습니다. 이런 작업이 우리 문학사에서는 처음 있는 일인 줄 알고 있는데, 여기에 그치지 말고 한국문학도 세계 기록유산으로 남았으면 좋겠습니다.

정: 문학활동도 심신의 소통이기 때문에 선생님과 교류를 나누고 있는 문단 절친들이 궁금합니다.

강: 친하게 지내는 선·후배가 많지만, 특별히 박재식, 최병호, 정진권, 문혜영, 최숙희 선생과는 한 16, 17년 전부터 다달이 만나 살아가는 얘기, 수필 얘기 하며 지내다가 요즘은 사정들이 생겨서 모임이 뜸해졌고, 한때는 김시헌, 허세욱, 최병호 정진권 선생과 매주 만나 탁구를 쳤는데, 아시다시피 허 선생은 돌아가시고, 김 선생은 환우 중이시라 못 만납니다. 저는 문학 공부를 못 해서 문단에는 스승이 없는데, 박재식 선생님은 제가 등단할

때 추천해 주신 어른이라 스승처럼 존경하며 따르고 있습니다.

정: 모처럼 시간을 내주셔서 귀한 말씀 남기시니 감사합니다. 문학 안에서 늘 뜻한 바를 이루어나가시기를 기도합니다.

| 인터뷰 |

강호형 양재회장 "선비의식이 수필계의 족쇄"

—〈한국일보〉, 2007. 4. 23.

'수필실험' 창간

"수필은 고상하고 선비적이어야 한다는 고정관념이 자유로운 창작을 구속하고 있습니다. 등단 작가가 3,000명에 달하는 수필가들이 정작 독자들에겐 외면받는 것도 이 때문입니다."

수필동인 양재회 강호형(69) 회장은 수필계 전반에 만연한 '선비 의식'을 비판한다. "수필은 청자연적을 닮은 문학"(피천득), "간밤에 마시다가 흘린 주흔(酒痕, 술이 묻은 자국)"(윤오영) 등 수필의 고고함을 강조하는 전통에 얽매이다 보니 변화하는 현실에 뒤떨어질 수밖에 없다는 것.

강 씨가 양재회 동인 9명과 함께 창간한 무크지 《수필실험》은 "치열한 현실 인식과 실험 정신"으로 수필의 미래를 모색하겠다는 출사표다. 강 씨는 "수필은 휴전선에 나뒹구는 녹슨 철모이거나 생활고에 시달리다 전동차에 뛰어든 가장의 혈흔이기도 해야 한다."는 패러디로 《수필실험》의 지향을 표현했다.

- 수필잡지가 20여 종에 이르는 상황인데 또 잡지여서 되겠는가.

"동인들이 추천 등단시켜 동인 수를 늘리고 그들의 글로 지면을 채우는, 기존의 폐쇄적 수필잡지 운영 방식에서 벗어나려 한다. 새로운 형식미를 추구하는 글이라면 작가의 등단 여부와 관계없이 실을 계획이다. 집필 방향을 제시하는 등의 간섭도 일체 하지 않을 것이다."

- 책 앞머리에 '사투리 수필' 코너를 배치했다.

"창간호라 특별히 지역 출신 작가들에게 청탁했다. 경상, 전라, 충청, 제주, 강원을 망라했다. 외래어나 인터넷어 남발로 고유어가 빈곤해지는 상황이다. 좋은 뜻, 아름다운 음운을 지닌 사투리라면 자주 사용해 표준어 편입을 유도할 필요가 있다."

– 원고지 2~4매 분량의 '짧은 수필'과 형식의 파격이 인상적인 '내일의 수필' 코너도 눈에 띈다.

"전자는 좀처럼 독서 시간을 낼 수 없는 현대인들을 위한 실험이다. 적은 분량으로 독자의 시선을 단번에 사로잡으려는 시도다. 후자는 동인들의 지향과 가장 어울리는 부문이다. 도플갱어를 소재로 한 미스터리, 우화 등 다양한 소설 형식을 차용한 작품을 실었다."

– 전문 수필가가 아닌 문인들의 수필이 도리어 인기를 끌곤 한다.

"수필은 열린 문학이다. 수필가의 전유물이 아니므로 글만 좋다면 환영할 만한 일이다. 다만 작품 완성도와 무관하게 매스컴을 통해 얻은 지명도를 바탕으로 인기를 얻는 경우는 문제다. 장기적으로 수필에 대한 신뢰도를 떨어뜨릴 수 있다."

강 씨는 “젊은 작가들을 발굴하자는 취지로 문예창작 관련 학과가 있는 대학마다 창간호를 보내기도 했다.”고 말했다. 다음 호는 9월쯤에 나올 예정이다. 동인 활동과 별개로 강 씨는 수필과비평사 의뢰로 ‘현대 수필 100인선’(가제) 발간을 위한 작가 선별 작업을 하고 있다. 김태길, 차주환, 장돈식 등 우리 시대 대표 수필가들의 작품을 문고판 형식으로 출간, 수필 독자의 저변을 넓히겠다는 구상이다.

—이훈성 기자

| 인터뷰 |

"수필 실험" 창간한 강호형 씨

—〈세계일보〉, 2007. 4. 10. '주말데이트'

"수필도 혁명을 해야 할 때가 왔습니다."

원로 수필가 강호형(70 · 사진) 씨가 한국 수필계에 '돌멩이'를 던져 파문이 일고 있다. 실험적인 수필을 공모해 최근 문예지 《수필실험》(소소리)을 창간한 것이다. 수필 동인 '양재회' 10명이 가담했다. 총 40여 편의 이색 수필에는 원고지 3장짜리 '미니 수필'도 있고, '사투리 수필'도 등장한다. 에로틱한 표현도 선보인다. 한마디로 파격. 타계한 피천득 씨가 보면 어떤 표정을 지을지 궁금하다.

"시대 정서가 자꾸 변해 가는데, 수필을 '청자연적이다', '간밤에 마시다 흘린 주흔이다.'며 마냥 선비의식만 고집할 수는 없습니다."

그가 '수필 혁명'을 선언한 이유다. 국내 수필가는 미등록자까지 포함해 3000여 명으로 늘어났지만, 젊은이를 찾아보기는 힘들다. 그는 '수필 실험' 창간호를 문예창작과가 개설된 전국 대학에 무료 배포했다. 반응은 뜨거웠다. 대학생들이 <그는 갔지만>(최병호) <어젯밤>(김병만) <봄비>(남명모) 등 3장짜리 <시필(시와 수필의 합성어)>을 읽은 뒤, "이런 유형이라면 나도 쓰고 싶다."며 앞 다퉈 인터넷에 '꼬리말'(댓글)을 단 것이다. 젊은이들과 코드를 맞췄다는 것이 무엇보다 큰 수확이다.

<지 깜냥대로 쌩놈 고대로>(정경희), <무사경 고람수가>(박영자), <어무니의 이메일>(박종숙) 등의 제목이 달린 '사투리 수필'도 반향이 컸다. 글 전체를 사투리로 엮거나, 최대한 사투리를 끄집어내 쓴 것인

데, 절로 웃음이 터져 나온다. 사투리를 조사하느라 고생 또한 자심했을 터. 그 덕에 여러 독자로부터 "잊고 있던 사투리를 다시 찾아 쓰고 싶다."는 등 반응이 쏟아졌다.

"3장짜리 수필이지만, 메시지와 감동은 충분히 녹아 있습니다. 또 외래어가 범람하는 세상에서 사투리를 굳이 못 쓰게 할 이유는 없다고 봅니다. 좋은 말은 얼마든지 표준화할 필요가 있지요. 사투리는 우리가 지키고 살려내야 할 문화입니다."

성적 묘사와 사회 고발 등의 실험도 시도됐다. <간밤에 자고 간 그 놈 못 잊겠네>(구활)는 제목부터 에로틱하다. 실제 글은 해학에 가깝다. <죽은 개와 산 부모>(손철주)는 애완견의 '호화 장례식'을 점잖게 꼬집는다. 최고령 회원인 임억규(76)씨는 <엉터리 회 이야기>에 특이한 추억을 재미있게 묶어놓았고, 최연소 이경애(50) 씨는 '기억 속의 할머니'에서 어머니 품을 오롯이 복원해 냈다.

"수필도 결국 인간 이야기입니다. 인간의 원초적 본능을 제외하면 쓸 것이 뭐가 있겠습니까."

강 씨는 성균관대 법학과 중퇴 후 생업으로 양복지 장사를 할 때 서울~군산 간 고속버스에서 수필집을 읽다 수필과 인연을 맺었다. 정식 등단은 50세를 넘겨 월간 《문학정신》을 통해서다. 다작이 자랑은 아니지만, 지금까지 '돼지가 웃은 이야기' 등 5권의 수필집을 내는 등 노익장을 과시하고 있다. 그의 사고는 여느 젊은이보다 젊고 싱싱하다.

"수필가도 치열해야 합니다. 책도 많이 읽고, 남보다 일상을 좀더 깊이 들여다봐야지요."

그는 우수한 수필가를 발굴해 세상에 알리기 위해 '현대 수필작가 100인 선집'도 펴낼 계획이다. 70세 수필가의 혁명은 현재진행형이다.

—정성수 기자 hulk@segye.com

| 연보 |

• 약력

1938. 경기도 광주 출생.

1951 경기도 광주군 분원국민(초등)학교 졸업.

1958 서울용문고등학교 졸업.

1959 성균관대학교 법학과 중퇴.

1962 육군에서 제대,

1988 월간 《文學精神》에 수필 <눈>으로 등단.

1989 한국수필문학진흥회 이사, 부회장.

계간 《수필공원》(현 에세이문학) 편집위원,

신인작품 심사위원.

2005~수필동인 양재회(養才會) 초대회장.

동인지 《수필실험》 창간.

2007~현재 월간 《좋은수필》 창간. 주간으로 일하고 있음.

2007~2011 현대수필가 100인선(좋은수필사) 책임편집위원

전100권 완간.

한국문인협회, 국제펜클럽, 수필문우회, 수필 동인 양재회원.

• 저서著書(수필집)

《돼지가 웃은 이야기》(1996, 지인당)

《행복을 디자인하는 부부》(2001, 하서)

《붕어빵과 잉어빵》(2007 수필과비평사)

《빈 자리》(2016 수필과비평사) 수필선집
《바다의 묵시록》(1998, 선우미디어)
《20세기의 전설》(2002, 교음사)
《정류장에서》(2011, 좋은수필사)

• **상훈**

1997 현대수필문학상
2008 황의순문학상

강호형 수필집

목마른 사람들

인쇄 2021년 08월 23일
발행 2021년 08월 25일

지은이 강호형
발행인 서정환
펴낸곳 수필과비평사
주소 서울시 종로구 삼일대로 32길 36(익선동 30-6 운현신화타워) 305호
전화 (02) 3675-3885, (063) 275-4000 · 0484
팩스 (063) 274-3131
이메일 sina321@hanmail.net essay321@hanmail.net
출판등록 제300-2013-133호
인쇄 · 제본 신아출판사

ISBN 979-11-5933-348-4 03810

값 13,000원

Printed in KOREA